相澤 淳

山本五十六

アメリカの敵となった男

中公選書

はじめに

連合艦隊司令長官であった山本五十六《やまもといそろく》が、及川古志郎《おいかわこしろう》海軍大臣宛に記した「戦備に関する意見」という文書がある。日付は、一九四一（昭和十六）年一月七日、日本が対米英開戦に踏み切る一一ヵ月前で、その内容は、日米開戦となった場合、「開戦の劈頭《へきとう》に於て極度に善處して勝敗を第一日に於て決するの覚悟」のもとに「敵米主力の大部真珠港に在泊せる場合は航空部隊を以て之を徹底的に撃破」すること、すなわち、のちに敢行された対米開戦劈頭におけるハワイ真珠湾に対する奇襲攻撃の実施を強く訴え出ていたものであった。

一九四一年一月という時期は、確かに前年九月の日独伊三国同盟の締結によって、ヨーロッパ（第二次世界大戦）とアジア（日中戦争）で展開していた戦争の下で、日米関係は悪化の一途を辿り始めていた時期ではある。しかし、それでも、同年四月半ばの日米政府間の衝突回避を目指した交渉（日米交渉）が始まる前の段階でもあり、こうした時点で早くも山本が「日米開戦と同時にアメ

連合艦隊司令長官室の山本五十六（朝日新聞社提供）

リカ主力艦隊に壊滅的打撃を与える」という「攻勢作戦」の実施を打ち出していたことは、山本があたかも日米開戦への積極論者であったかのような印象を与える。

この「戦備に関する意見」の覚書が入った紙袋が、戦時中、山本の依頼で東京の海軍省の次官室金庫に持ち込まれていた。そして、「これは必要の場合に堀《ほり》中将に交付の事」とされていた。堀（悌吉《ていきち》）中将（すでに退役）とは、山本と海軍兵学校の同期生であり、山本が最も親しく信頼を寄せた人物であった。この紙袋は、一九四三年四月の山本の戦死後、堀に交付され、そのなかにあった覚書を見た堀は、文書の重要性に鑑み、引き続きその金庫に保管することとしたが、一九四四年七月の段階で堀自身が預かるところとなっていた。堀は、この覚書を厳重に保管し、終戦後もしばらくはそのまま秘蔵しておいたが、そこには次のような懸念があったことを、その手記に記していた。

うっかりこれが世に出ると山本は主戦論の急先鋒《きゅうせんぽう》たりとの誤解を招く虞《おそ》れがあるのみならず、山本は真珠湾不信攻撃の張本人だとして、一切の責任を転嫁せられる虞れがある。[1]

しかし、そうした堀も、一九五二年四月にサンフランシスコ平和条約が発効して日本の独立が果たされると、それまで秘匿《ひとく》してきた文書を世に出し、山本の真意を伝えるべきだと思い立つようになる。それが、この覚書を自分に残した山本に対する責任でもあると考えるようになるのである。(2)そして、その際、堀がとくに留意して「正確」に伝え残そうとした山本の真意とは、以下のようなものであった。

日独接近、三国同盟には身命を賭して反対したりし事
対米英戦争に就ては大義名分の上より及び国家安危の顧慮よりして、根本的に反対たりし事
艦隊司令長官としては、国家の要求ある時には、たとへ個人としての意見と正反対なりとするも、勝敗を顧慮することなく、最善をつくして其の本務に一途邁進すべきものとなせる事(3)

こうした山本像を戦後の日本で定着させることになったのが、一九六五年に出版された阿川弘之《あがわひろゆき》の『山本五十六』であろう。そして、この「最も勇敢に戦争に反対しながら、自ら対米戦争の火蓋を切らなければならなかった(4)」という山本像は、現在に至るも日本で広く共有され続けている山本像と言って間違いないであろう。(5)しかし、阿川はこの著作のなかで、最終的に対米開戦に向けて真珠湾奇襲へと進んでいった山本について、「やはり、鍛えに鍛えた力を、一度は実戦で試してみた

いという、軍人特有の心理が、多少とも山本の心の中に働いたのではないだろうか」とし、もっともそれは「山本の一種 childish な面のあらわれで、彼が戦争を望むようになったということでは、なかったであろう」(6)と、その判断を鈍らせている。

はたして山本は、どのような決意のもとで日米開戦劈頭の真珠湾奇襲を「戦備に関する意見」で訴え出ていたのであろうか。また、周囲の反対を押し切ってその真珠湾奇襲を断行した山本の心のなかでは、対戦国となるアメリカに対してのどのような感情が揺れ動いていたのであろうか。

本書は、こうした真珠湾へと向かう山本の姿について、その生い立ちからの、とくに海軍軍縮問題を通して不信感を強めていった対米認識に着目しつつ、これまでの山本像に再検討を加えるものである。その際、とくに管見の限りこれまでほとんど使われてこなかった資料であるロンドン海軍軍縮会議時(一九三〇年)の山本自身の意見書・メモ等(巻末に掲載)を通して、その実像に迫るものとする。

(1)大分県立先哲史料館編『大分県先哲叢書　堀悌吉資料集　第一巻』(大分県教育委員会、二〇〇六年)三一三頁。
(2)NHK取材班・渡邉裕鴻『山本五十六　戦後70年の真実』(NHK出版、二〇一五年)二二四～二二五頁。
(3)『大分県先哲叢書　堀悌吉資料集　第一巻』三一四頁。

（4）阿川弘之『山本五十六』（新潮社、一九六五年）の表紙カバー裏にある小泉信三「みごとな伝記」より。

（5）阿川の著作と並んで、戦後の山本像を定着させる上で欠くことのできない「伝記」として、山本五十六の郷里の後輩によって記された、反町栄一『人間　山本五十六』上・下巻（光和堂、一九五六年・五七年）がある。そのなかで、反町は山本について「思えば、元来開戦に極力反対であった元帥が、事志と違い、遂に彼の大戦となり、しかも運命の定むるところ海軍の総帥として、全国民の与望の下に皇国の興廃を双肩に担い、遠く閫外の大任に当る。（中略）想うて往年元帥の心事に到れば悲絶壮絶、至厳至粛、千古の正気凜として胸を打つものがある。嗚呼山本元帥！」と総括していた。反町栄一『人間　山本五十六』新版（光和堂、一九六四年）五一五〜五一六頁。

（6）阿川『山本五十六』二一五〜二一六頁。

山本五十六——アメリカの敵となった男

目次

資　料

山本五十六

アメリカの敵となった男

序章　アメリカ第二の敵・山本五十六

ペリー来航の御礼参り

おそらく、われわれにとっての一番主要な個人としての敵は、アドルフ・ヒトラーの次には、面の皮が厚く、鉄砲玉頭で、心のなかは怨念でいっぱいの山本五十六だろう。(1)

この記述で始まる「アメリカ第二の敵・山本」(2)というエッセイが、日米開戦の翌年にアメリカの月刊誌『ハーパーズ・マガジン』(一九四二年四月号)に掲載されていた。作者はアメリカ人作家のウィラード・プライスで、紀行作家として日本への関心も深く、第二次世界大戦後には『魔境アマゾン』や『人食い島横断』など「冒険大作戦」シリーズが日本でも翻訳されている著述家でもあるが、彼は日米開戦の二六年前の一九一五(大正四)年に山本五十六と東京の男爵瓜生外吉《うりうそときち》海軍大将

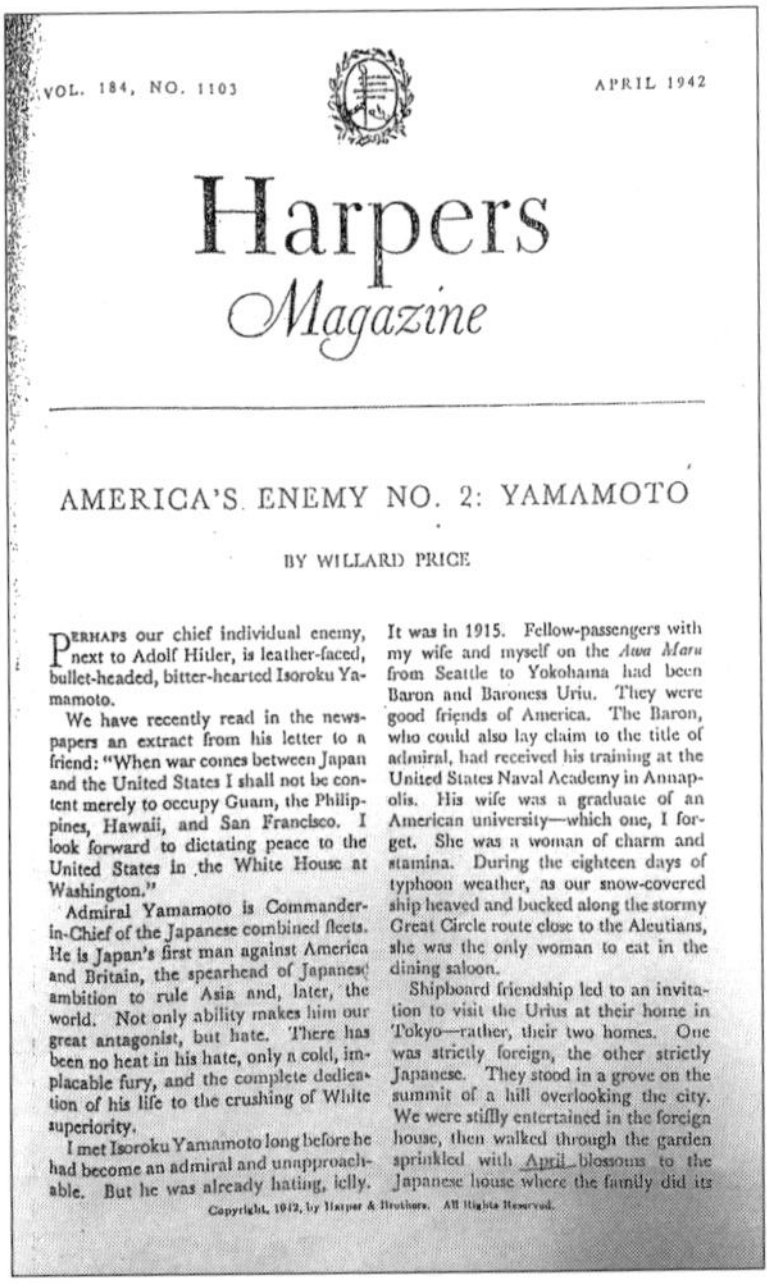
VOL. 184, NO. 1103 APRIL 1942

Harpers Magazine

AMERICA'S ENEMY NO. 2: YAMAMOTO

BY WILLARD PRICE

PERHAPS our chief individual enemy, next to Adolf Hitler, is leather-faced, bullet-headed, bitter-hearted Isoroku Yamamoto.

We have recently read in the newspapers an extract from his letter to a friend: "When war comes between Japan and the United States I shall not be content merely to occupy Guam, the Philippines, Hawaii, and San Francisco. I look forward to dictating peace to the United States in the White House at Washington."

Admiral Yamamoto is Commander-in-Chief of the Japanese combined fleets. He is Japan's first man against America and Britain, the spearhead of Japanese ambition to rule Asia and, later, the world. Not only ability makes him our great antagonist, but hate. There has been no heat in his hate, only a cold, implacable fury, and the complete dedication of his life to the crushing of White superiority.

I met Isoroku Yamamoto long before he had become an admiral and unapproachable. But he was already hating, icily. It was in 1915. Fellow-passengers with my wife and myself on the *Awa Maru* from Seattle to Yokohama had been Baron and Baroness Uriu. They were good friends of America. The Baron, who could also lay claim to the title of admiral, had received his training at the United States Naval Academy in Annapolis. His wife was a graduate of an American university—which one, I forget. She was a woman of charm and stamina. During the eighteen days of typhoon weather, as our snow-covered ship heaved and bucked along the stormy Great Circle route close to the Aleutians, she was the only woman to eat in the dining saloon.

Shipboard friendship led to an invitation to visit the Urius at their home in Tokyo—rather, their two homes. One was strictly foreign, the other strictly Japanese. They stood in a grove on the summit of a hill overlooking the city. We were stiffly entertained in the foreign house, then walked through the garden sprinkled with April blossoms to the Japanese house where the family did its

『ハーパーズ・マガジン』1942年４月号のプライスの記事

の邸で会い、対談していた。そのときの会話の中身を記したこのエッセイは、日本海軍による真珠湾「騙し討ち」攻撃から数ヵ月、アメリカ国民の日本に対する憤激がまだ収まり切らなかったと思われる時期に発表されたもので、その「卑怯な」攻撃によりアメリカ太平洋艦隊を壊滅させた「張本人」として、山本を「ヒトラーに次ぐアメリカの敵」として暴き出していたのである。

プライスは、一九一五年に夫人と来日した際に、シアトルから横浜に向かう船上で瓜生男爵夫妻と親しくなり、到着後に東京の瓜生邸に招かれていた。瓜生外吉は、このとき予備役の海軍大将で、日露戦争開戦時には第四戦隊司令官（海軍少将）として仁川《じんせん》沖で早々と露艦二隻を葬った「英雄」であり、また、アメリカに留学して初級海軍士官としての基礎を学んだ、アナポリス海軍兵学校の卒業生でもあった。「ちゃんと海上戦闘の履歴」もあり「ハイカラで、スマートであると同時にバランスのとれた」人物だったという瓜生は、日米海軍の架け橋といった存在で日米間を往復することも多かった。一九一四年にはパナマ運河開通記念博覧会開会式の日本代表としても参列しており、[3]あるいはプライス夫妻との船上での出会いはその帰国時のことだったかと考えられる。ともかくプライスにとっては「アメリカの良き友人」であった。

その瓜生邸で、プライスは瓜生本人から山本に引き合わされた。[4]このとき山本は海軍大学校の甲種学生で若き（三十二歳）海軍大尉、先客として立ち去ろうとしたところを瓜生に呼び止められ、その対米観をプライスに披瀝《ひれき》するよう求められた。それに対し山本は「本当のことを言ってもかまわないならお話ししましょう」とぶっきらぼうに答え、その態度は最初からプライスを不快にさせていた。それでも、むしろ瓜生自身の懐旧談を聞き出そうとするプライスに対して、瓜生は「過去（瓜生）より未来の人（山本）」の話をと、山本とプライスをせき立てて茶室で対談させていた。単なる客人に対する話し相手の提供というより、積極的に山本の話をプライスに聞かせたがっていた様子が、プライスの記述から感じられる。

瓜生外吉

おそらく瓜生は、山本が話すその「過激な対米観」を知っていたのであろう。予備役海軍大将と一海軍大尉という瓜生と山本の接点ははっきりしないが、瓜生の最後の補職であった横須賀鎮守府司令長官時代に、山本は横須賀鎮守府付や海軍砲術学校学生そして教官として横須賀勤務を繰り返しており、その間、日露戦争の「戦勝」という栄誉を担った二人の「英雄」は、何か話をする機会があったのかもしれない。そして、その話の一つに、以下のプライスに話した山本の対米観があったとすれば、それはアメリカに理解のある瓜生にとっては記憶に残る内容であったろう。

幼少時から五十六はアメリカを憎んでいた。父親から毛むくじゃらの野蛮人の話を聞かされたその時から。彼らは肉食の習慣のために野獣と同じ体臭がする生物で、黒船でやってきて、日本の門戸を打ち破り、天皇を威嚇《いかく》し、古来の風習を土足で蹴散らかし、損害賠償を要求し、布切れででかい鼻をかみ、それを捨てもせず、そのままポケットにしまい込んだりした。(5)

こうしたペリー来航に対する山本の「怨念」から書き出されたプライスの対談記録は、その後、山本が育った郷里長岡の厳しい冬の話となり、山本が海軍を志願した理由へと話題が進む。プライスが「どうして海軍を選んだのか」と問いかけたのに対して、山本は冷たい笑顔を浮かべて「ペリー提督の御礼参りがしたかったまでさ」(6)と答えていた。そして、このプライスにとって重苦しいものとなった対談は、最後も次のような不快なやり取りで終わっていた。

私（プライス）は彼（山本）に、笑い話で終わるような日米関係についてのありきたりの質問を投げかけた。
山本は「日米の関係は、一度壊れなければ好転しない」とピシャリと返してきた。[7]

山本評価の変遷

プライスは、この対談の夜、その内容を事細かにノートに書き記したが、それをそのまま忘れ去っていた。しかし、その四半世紀後に日米開戦となり、敵将・山本五十六の名を聞くに及んでノートの存在を思い起こし、掘り出していた。もちろん、こうして書き下ろされたエッセイの内容は、時期的に山本を必要以上に敵対的あるいは危険な人物として脚色していた可能性はあるだろう。ただし、このエッセイには、郷土愛の非常に強かった山本が出身地の長岡の風土について、そしてそこで自分が受けた教育について詳細に語る様子も記されていて、そこには山本ならではの姿が感じられる。また、ペリー来航に対する強い反発も、それが幕末の大変動を引き起こし、戊辰戦争における長岡藩の悲運につながったことを考えれば、故なき話でもない。朝敵となった長岡藩は没落し、郷土長岡は戦闘で廃墟と化し、そして、なによりこの戦争で実の祖父・高野貞通《たかのさだみち》は戦死し、父・貞《さだ》吉《よし》および兄二名は負傷し一家は一時離散、その後家名を継ぐことになった長岡藩名門の先代・山本帯刀《たてわき》（義路）も非業の死を遂げていたのである。

もちろん対談の内容には疑問な点もある。これからの海軍力における最も重要な艦種について

「戦艦か巡洋艦か駆逐艦か」とプライスが問いかけたのに対し、山本はそのどれでもなく「航空母艦（空母）が将来最も重要になる」と答えていたというのである。プライス自身も一九一五年の段階では、空母はおろか飛行機さえもまだまだの段階であったと断っているが、これが事実であれば山本の先見性はアメリカにとって危険極まりないものだったことになろう。[8] ただし、山本がその後一九二〇年代から三〇年代にかけて、この海軍航空戦力に着目していったことは確かで、そして、その後自らその分野に身を投じて日本海軍航空隊を育て上げ、それをもって真珠湾「空襲」を計画し実行に移していったことは事実である。プライスは、このエッセイを通してそれを山本の「アメリカに対する非常に強い怨念」の結果として描き出している。しかし、その解釈はひとまず置くとしても、はたして山本は何故に、そしていかなる経緯を経て、その後、真珠湾への道を辿っていたのであろうか。

山本についての現在の日本における評価は、一九四一年十二月の真珠湾攻撃に始まる対米開戦に対して「必敗の信念」すらもってその回避を望んでいた「良識ある」軍人というものである。それにもかかわらず、連合艦隊司令長官としての職責上、そのハワイ作戦を指揮しなければならなかった「悲劇の提督」というのが一般的であろう。山本は、対米戦争という無謀な戦争突入に反対し平和を望んでいたという「昭和海軍の大スター」[9]で、日米開戦への大きな転換点となった一九四〇年九月の日独伊三国同盟の締結に対しても、海軍次官時代に遺書を認《したた》め「命をかけて」反対していたという有名な逸話もある。すなわち、山本は対米協調論者だったと位置づけられているのである。

真珠湾攻撃　ヒッカム飛行場を爆撃する九七式艦上攻撃機（朝日新聞社／時事通信フォト提供）

もっとも、こうした戦後日本の山本評価は、戦中あるいは戦前の評価とは大きく異なるものであると考えられる。そもそも、軍人が対米開戦に強く反対したことをその「良識」とする見方は、アメリカとの戦争が日本にとって悲劇的な結果に終わった後での、戦後の価値観から来るものであろう。すなわち、戦争回避が正しい選択であったという見方である。

これに対し、戦前から戦中にかけての山本評価は、いったん米英との開戦が決すると、「沈黙の海軍（サイレント・ネービー）」がその沈黙を破り、開戦劈頭、米英の太平洋および東洋艦隊を一瞬にして撃滅したという、その海軍の最高指揮官に対する、まさに「英雄」視と言えよう。山本はこの戦争の半ばに、前線視察中「壮烈な戦死」を遂げ、葬儀は「国葬」ともなるが、それもこの米英との戦いで国に殉じた最高指揮官に対するものだったはずである。

それだけに、その当時、この山本をアメリカ国民が、とくにアメリカに大きな損害とショックと怒りを与えた真珠湾攻撃直後の段階では、「騙し討ち」の実行者として「ヒトラーに次ぐアメリカの敵」と見ていたとしても不思議ではない。むしろ、当然の反応であったろう。そして、この敵意は、プライスが山本の海軍志願の理由に「ペリー提督の御礼参り」をあげていたことによってさらに増幅していたかもしれない。しかしながら、日本における数多い今日までの山本の伝記において、山本が海軍を志願するにあたって影響を与えた人物については、郷里長岡の二人の存在が大きかったとされているのである。果たして山本の真意はどこにあったのだろうか。

（1）三輪公忠『隠されたペリーの白旗――日米関係のイメージ論的・精神史的研究』（上智大学出版、一九九九年）二四〇頁。
（2）Willard Price, "America's Enemy No. 2: Yamamoto", Harpers Magazine (April 1942) pp. 449-458.
（3）半藤一利・横山恵一・秦郁彦・戸高一成『歴代海軍大将全覧』（中公新書ラクレ、二〇〇五年）九六頁。
（4）山本五十六が山本家を継ぎ、髙野五十六から山本五十六となるのは一九一五年五月（改姓の海軍への届け出は翌一六年）で、プライスが会った際に山本姓を名乗っていたかは定かでないが、プライスはこのエッセイのなかで五十六の父が髙野貞吉であることを明記しており、髙野五十六と山本五十六が同一人物であることは理解していたと考えられる。

(5) 三輪『隠されたペリーの白旗』二四一頁。
(6) 同右、二四二頁。
(7) Price, "America's Enemy No. 2: Yamamoto", p. 455.
(8) 山本は、海軍少将であった一九三〇年代前半頃にも、外国の駐日武官に対してこうした空母重視の発言をしていたようである。大木毅『「太平洋の巨鷲」山本五十六——用兵思想からみた真価』(角川新書、二〇二一年)八八頁。
(9) 秦郁彦『昭和史の軍人たち』(文春学藝ライブラリー、二〇一六年)九〜二六頁。

第一章　長岡から海軍へ

海軍兵学校志願

山本五十六の海軍兵学校志願に大きな影響を与えた二人のうち一人が、甥の高野力《ちから》であった。五十六は、一八八四（明治十七）年四月四日に高野貞吉の六男として長岡に生まれた。父貞吉五十六歳のときに誕生した七人兄姉の末っ子で、戊辰戦争も戦った長兄（異母兄弟）の譲《ゆずる》と五十六は三十歳以上の年の差があった。その譲の長男が力で、彼も五十六より一〇歳年長、この高野家の嫡男（力）は、貞吉のもとで五十六や五十六より五歳年長の兄（五男）季八《きはち》とともに兄弟同然の生活を送っていた。力は甥とは言え、五十六にとって「少青年時代最も精神的影響を与えられた」(1)年の離れた兄という存在だったのである。ちなみに、これより高野五十六時代については、以下、基本的に「五十六」で通すこととする。

五十六最初の写真（中央）　前列左が兄の季八、右に姉の加壽、後列に甥の力。五十六は尋常小学校三年生（1892年4月、山本五十六記念館提供）

力は、貞吉の高野家再興の期待を背負い、学業成績も優秀であり、小学校卒業後は五十六も進学することになる長岡中学校の前身である長岡学校に進み、ここでも学業優秀で卒業、その後はさらに貞吉の計らいで東京に遊学することになった。そして、その東京での力の寄宿先が野村貞《のむらてい》海軍大佐の家で、野村は貞吉の妹の嫁ぎ先であった。しかし、もともと体の弱かったという力は、上京後三年余りの一八九七年、五十六が中学二年の秋に病を得て亡くなってしまった。そして、その力が、生前、五十六に繰り返し勧めていたのが海軍兵学校への進学で、力は自分の果たせなかったこの夢を五十六に託していたのである。[2] 野村大佐のもとで、力自身も兵学校進学を目指して勉学に励んでいたということであったろうか。

力の死は五十六に大きな衝撃を与えた。また、兵学校への進学の意志も固めさせたとも思われる。それまで、力同様、学業成績優秀だった五十六は、この甥の死を境に「体格鍛錬の要を自覚し機械体操野球等に熱中」するようになるのである。そして、そうした自覚は、五十六が「小弟の体格は実に劣等」なることを認め、兵学校入校後も「故洲峯居士〔力〕の通りに相成る」のを避けるべく

「かれこれと考へし末日課表を作り、運動時間を制定し、爾来必ず之が実行を期せんと決心」したと、兄季八宛の手紙に後日書き送っていたことにも表れていた。五十六は、力の死後、中学時代を通して、さらに兵学校の入校後も、そうした身体の鍛錬に励み、勉学の時間を多少犠牲にしつつもその両立を果たしていったのである。(3)

そして、おそらく力と同様に、あるいはそれ以上に五十六の海軍志願に大きな影響を与えたのが、叔父の野村貞であったろう。野村は元長岡藩士で、戊辰戦争では砲兵隊長として戦った人物であり、明治の新政府から見れば、父貞吉らとともにかつての「賊軍の士」であった。しかし、その後東京に出て海軍術を学んだ野村は、明治新海軍の海軍中尉となり（一八七一年）、海上勤務を繰り返すなかで、多くの艦の副長職、艦長職を積み重ね、五十六が中学に入った一八九六年には海軍少将に昇進し、長岡出身の初の提督となっていた。海のない長岡に育った五十六が、海軍に目を向け海軍士官を志すにあたっては、やはりこの野村の存在が決定的であったと思われる。すでに十歳にして姉の加壽《かず》に将来「海軍大将になる」と宣言し、また、少年時代の二畳の勉強部屋には野村少将の小さな写真も貼られていたというから、五十六にとってこの叔父は憧れの存在であり、同時に、目標だったのであろう。そして、この野村の東京の家に寄宿していた力も、この大

野村貞

叔父の影響を受け、海軍兵学校を志していたと考えられる。なお、五十六は、後年、海軍中将の時代に、野村の「筑波」艦長時代に少尉候補生として遠洋航海をした鈴木《すずき》貫《かん》太郎《たろう》（海兵一四期、当時、侍従長）のもとを訪れ、この叔父について「親しく聴取」しているが、これも五十六の野村に対する敬愛の深さ故の訪問であったろう。[4]

ところで、海軍軍人としての野村は、戊辰戦争での実戦経験も持つ、豪傑艦長として海軍内部で通っていた。海軍中佐であった巡洋艦「筑紫」の艦長時代には、艦が暴風雨に長時間巻き込まれ、絶望しかけた乗組員に野村は「総員死方用意」の号令を出して奮い立たせ、暴風圏外に脱出させたという話があり、また、海軍大佐で巡洋艦「高千穂」の艦長時代（一八九四年）にはハワイに派遣され、そのときに招待を受けた陸上のレセプションで突如「愉快」と叫んで逆立ち芸を披露し、参加者をあっと言わせるという一幕もあった。なお、当時のハワイは、強力なアメリカ艦隊の存在を背景に王政が倒され、アメリカ系市民による仮政府が樹立されており、まさにアメリカの砲艦外交によるハワイ併合が動き出したときであった。派遣された「高千穂」の任務は、危急の際に在留邦人を保護することであったが、ハワイに到着した野村は、そうしたアメリカ側の砲艦外交を目の当たりにして「アメリカは将来、必ずハワイを併合し、ここに軍港を建設し、太平洋の重要な基地とするであろう。将来に備え、よくこの地を精査しておくべし」と部下に対し警鐘を鳴らしていた。あるいは、レセプションにおける突飛な行動も、アメリカ側への無言の抗議だったのかもしれない。[5]

そしてさらに、巡洋艦「高千穂」は、その後勃発した日清戦争において、野村艦長の下、日本海軍の有力な巡洋艦部隊の一翼として大きな活躍をし、清国北洋艦隊への勝利に多大の貢献をしている。

五十六にとって、野村大佐はこうした実戦上における英雄でもあったろう。

巡洋艦「高千穂」の絵葉書

五十六が、この「高千穂」艦長時代の野村の逸話について、海軍兵学校を志願する段階でどれほど聞き知っていたかは定かでない。しかし、海軍に身を投じて以降、こうした野村の武勇伝は五十六の関心事として当然耳には入っていたものと思われる。そして、五十六が一九一九（大正八）年に最初のアメリカ駐在を命ぜられ、その赴任のために乗船した「諏訪丸」の船上において起こした行動にも、野村のハワイでの行動を彷彿とさせるものがあった。

> 横浜を解纜《かいらん》して四、五日たつと、船内で乗客の演芸会が始まる。こんな場合に進んで出場するのは外国人で、日本人にはなかなか出る者がない。日本の船で、しかも日本人乗客が大半を占めて居るのに誠に情けないと思われる。するとこれにたまりかねてか、一人の颯爽《さっそう》たる日本人青年が現われたと見る間に、サロンの手摺にアッという間もなく、誠に見事なフォームで逆立した。あまりの

離れ技に、数秒間は一同唖呆然として目をみはるのみであったが、暫らくすると度肝を抜かれた人々が、我にかえって拍手の嵐が捲き起った。(6)

この「颯爽たる日本人青年」こそが山本五十六海軍少佐であったが、こうした突飛な逆立ち芸もまさに「叔父伝来」の五十六の得意芸になっていた。また、野村が警鐘を鳴らした「アメリカによるハワイの軍港化」もその後アメリカのハワイ併合を経て実現していくが、五十六は、そのアメリカ太平洋艦隊主力の基地となった真珠湾に、野村のハワイ寄港から半世紀近くを経た一九四一（昭和十六）年十二月八日、対米開戦劈頭に大々的な奇襲攻撃を仕掛けることにもなった。野村の行動や発言は、五十六が海軍軍人となった後も、一つの「軍人の鑑」として存在し続けたように思われるのである。

長岡への郷土愛

野村貞や高野力の影響を受けて海軍兵学校志望を強くしていった五十六は、一九〇一（明治三十四）年三月に長岡中学校を卒業し、七月から八月にかけて行われた兵学校の入学試験を受けて合格となり、同年十二月に入校を果たしている。前年の秋には、中学校で二年上級だった兵学校在学中の先輩に「自分は海兵を志願するが江田島生活の様子を聞かせてくれ」(7)との手紙も送っており、その決意は中学在学中にすっかり固まっていた。しかし、こうした五十六の五年間に及ぶ中学校生活は、当時の髙野家の状況からして、必ずしも最初から保証されていたわけではなかった。五歳年上の兄季八は、五十六同様、小学校の成績は優秀であったが、卒業後は中学に進学することなく、東京に修業に出されていた。また、髙野家再興という父貞吉の期待を担っていたのは、まだ存命で東京に遊学していた髙野家嫡流の力であった(8)。

そうした五十六に中学進学への道を開いたのが、育英団体である長岡社の貸費生制度であった。長岡社とは、長岡の有為な青少年に教育の機会を与えて、天下有用の材たらしめようと一八七五年に設立された団体で、阪之上小学校を一番の優等で卒業した五十六に「貸費生となって中学校に進学するように」と声がかかったのである。この申し出に対し、貞吉は、当初、それを潔しとしなかったらしいが、五十六が「借りたものを二倍三倍にもして返したらいゝではありませんか(9)」と言うのを聞くに及んで、長岡社の申し出を受けることになったという。五十六の中学進学への強い意志が感じられる話である。

こうして入学した長岡中学校であるが、その前身は一八七二（明治五）年に設立された長岡洋学校（のちに長岡学校）であった。そして、その設立には戊辰戦争に敗れ「食うや食わず」となった長岡の人々に対して、長岡藩主の牧野家の分家たる峰岡《みねおか》藩から戦争見舞いとして送られた「米百俵」がそのまま資金に充てられていた。今後の長岡の再生を教育に託し「食われぬから教育するのである」との考えがその建学の精神となっていたのである。また、この長岡中学校には和同会という生徒間の懇親と精神修養を目的とする自治組織があり、その和同会の精神とは、長岡藩風と士道精神とを中心とするものであった。五十六は後年「我れを真に育てしものは和同会の大精神なり」と常々語るようになるのだが、ここで五十六が真に学んだものとは、まさに維新で苦杯をなめた長岡藩士の末裔という意識であり、その名誉挽回を願う思いだったのではないだろうか。五十六が兵学校に合格し、入校する直前に「どうして兵隊になるのか」と近所で問われ、決然と「武士の家の子は武士になるのは当り前」と答えていたというが、その武士とは、維新後苦境に立たされた長岡武士に他ならなかったのであろう。

いずれにせよ、五十六はその後の海軍生活の全期間を通して、この長岡中学校、和同会、そして長岡社の活動等に惜しみない協力を与えるのであり、それは五十六が「長岡中学校と和同会の精神教育によって得る所極めて甚大」であったことを何より物語っていると言えよう[10]。

仮想敵国アメリカ

五十六は、一九〇一(明治三十四)年十二月に海軍兵学校第三二期生として二番の成績で入校し、七番で卒業(一九〇四年十一月)している。在校中に席次が落ちたとは言え、三二期生一九二名のなかでは優秀な成績であった。ちなみに、入校時の成績で五十六の次の三番が堀悌吉、卒業時にはその堀が首席(一番)となっていた。五十六は二学年次に兄季八へ送った手紙のなかで「一人の友を得候[11]」と記していたが、その友というのがこの堀で、二人の親交は五十六の海軍生活を通して終始変わらなかった。なお、三二期は、一つの期で四人（塩澤幸一《しおざわこういち》、山本五十六、吉田善吾《よしだぜんご》、嶋田《しまだ》繁太《しげた》郎《ろう》）という最多数の海軍大将を送り出すクラスとなったが、本来その先陣を切って海軍大将となるはずだった堀は、一九三〇年代前半期に海軍内を混乱に陥れた海軍軍縮問題のあおりを受けて海軍中将で待命、予備役となってしまっていた。そして、そのとき五十六は、この「首切り」を「海軍の大馬鹿人事[12]」と酷評してその憤懣《ふんまん》を顕わにし、落胆していたのであった。

出港する装甲巡洋艦「日進」（朝日新聞社提供）

ところで、三二期生が卒業した一九〇四年十一月とは、その年の二月に勃発した日露戦争の真只中で、本来あるべき海外への遠洋練習航海は国内を回る練習航海のみに短縮され、翌年一月に三二期の少尉候補生は実戦部隊への配置となった。首席の堀は連合艦隊旗艦の戦艦「三笠」乗組、五十六は「三笠」と同じ第一戦隊の旗艦である装甲巡洋艦「日進」乗組となった。そして、彼らはこのまま五月二十七、二十八日の日本海海戦に参戦、その戦いを目の当たりにするのであった。ロシアのバルチック艦隊を壊滅させたこの海戦は、日露戦争における日本の最終的な勝利を呼び込むとともに、その後の日本海軍内での戦艦主兵論を確定することになるが、その海戦一日目の二十七日夕刻、「日進」の前部砲塔が爆発を起こし、この事故に五十六は巻き込まれ、左手指二本を失い、右足下腿の肉をえぐり取られるという、瀕死の重傷を負った。海戦二日目を艦内のベッドで過ごし、その後佐世保海軍病院に収容された五十六は、さらに横須賀海軍病院に転院、長期の療養生活を強いられることになり、八月三十一日の海軍少尉任官も入院中で、まさに波乱の海軍士官生活の幕開けとなっていた。

翌一九〇六年二月に巡洋艦「須磨」乗組となって艦艇勤務に復帰した五十六は、その後体調を崩すこともあったが、艦艇勤務と学校での術科教育を順調に繰り返し、戦艦主兵の中核でもある砲術科士官としての道を歩んだ。そして、一九〇八年六月に巡洋艦「阿蘇」、一九〇九年十月には巡洋艦「宗谷」の乗組となった。両艦はともに元ロシア艦で、日露戦争後に日本に引き渡された後、遠洋練習航海に多用された艦で、五十六もこの二艦で、海軍兵学校卒業後に経験できなかった遠洋練習航海を二年連続で体験する機会が与えられていた[13]。

最初に「阿蘇」で向かった遠洋航海の行き先は北米方面で、この間の一九〇九年の四月末と五月初めに、五十六は季八にロサンゼルスとサンフランシスコから絵葉書を送っている。経歴から見て五十六のアメリカ初渡航であったろうその印象は、ロサンゼルスについては「此数年来、非常ノ発達ニ御座候トカ。排日熱も低キヨシニ候」と記され、サンフランシスコについては「排日熱の中心と目さるる桑港着。内外人の歓迎に不相変候[14]」とある。この排日熱とは、日露戦争終結の翌年の一九〇六年にカリフォルニア州で起こった排日移民の動きと考えられ、その背景にはアメリカにおける「日露戦争で白人（ロシア）に勝った黄色人種（日本）」への差別的な脅威論があった。そして、日米両海軍はその翌年の一九〇七年に、お互いを仮想敵とする方針（帝国国防方針）や作戦計画（オレンジ作戦）も打ち出していた。このときの五十六が持つ対米イメージとは、まずはこうした排日熱を内に持つ仮想敵国というものだったと言えようか。

さらに、五十六は七月初めに立ち寄ったシアトルからも次のような文面の絵葉書も季八に書き送っていた。

　誰か言ふ米国をもって、自由の天地也と。金の前ニ一義なく、情なきはこれ米人側面裏面のさま。

季八宛、サンフランシスコからの絵葉書（長岡市中央図書館提供）

彼らハ、国を愛す、而して、より多く妻を愛し、最も多く金を愛す！[15]

青年士官・高野五十六の醒めたアメリカ観が窺える文面である。なお、この航海の行き帰りに練習艦隊はホノルルに立ち寄っており、五十六は絵葉書で往路寄港の際は「椰子《やし》高く、甘庶遠く連れる布哇《ハワイ》の地（中略）夏中の炎暑無之《これなく》んバ、真ニこれ楽園なり」と記し、帰路では「士務ニ忙殺せられ、手紙だニ差《さし》あぐる暇なきを恨む」と記すなどしていた。叔父野村のかつての寄港に関する記述についてはとくに見当たらないが、まさにそうした時間的余裕がなかったのかもしれない。[16]

一方、翌年の「宗谷」の遠洋航海では、五十六は海軍大尉・分隊長として乗り組み、「宗谷」艦長であった鈴木貫太郎から直接指導を受ける立場にあった。[17] 行き先は豪州方面であり、帰路に香港やシンガポールにも立ち寄るなどしていたが、より責任ある地位についたためか、一回目の遠洋航海に比べると季八への通信も少なくなっている。いずれにしても、五十六はこの二つの遠洋航海を通して、三十有余年後に戦いの舞台となった太平洋方面全般への見聞を広めていたのであり、日露戦争後、日本海軍が第一の仮想敵としたアメリカにもその第一歩を印していたのである。

海軍大学校甲種学生

一九一〇（明治四十三）年七月に、二度目の遠洋航海から帰国し横須賀鎮守府付となった五十六は、同年十二月に海軍大学校乙種学生に、そして翌一一年五月には海軍砲術学校高等科学生となり、砲術科士官としての道を究めていった。砲術学校の卒業後は、そのまま同校の教官となるが、そこで共に大尉教官として同室で起居していたのが、三期先輩（海兵二九期）の米内光政《よないみつまさ》であった。米内は、その一年後（一九一二年十二月）に海軍少佐に昇任し、海軍大学校甲種学生へと転じていくが、それまでの間、米内と五十六は兄弟のように親しく「寝台を並べて語り合い、ごみ箱を的に、ナイフや短剣で手裏剣の真似をやって、副官に叱られた」[18]というユーモラスなエピソードも残すような関係になっていた。およそこの四半世紀後の一九三〇年代後半に海軍大臣と次官として復活する米内・山本という名コンビには、こうした若き大尉時代に培われた親密な人間関係があった。

五十六は、その後、佐世保勤務や艦艇勤務（巡洋艦「新高《にいたか》」砲術長）などを経て、一九一四（大正三）年十二月に海軍大学校甲種学生（第一四期）となった。佐世保勤務時代の一九一三年の二月と八月には父貞吉、母峯《みね》を相次いで失っていたが、ともにその死を看取ることはできなかった。

海軍大学校甲種学生の課程は、試験によって選抜された学生に「高等の兵学」を教育する場で、「将来の枢要な職員や高級指揮官」への一つの登竜門であった。[19]五十六もここで二年間の学生生活を送ることになるのだが、アメリカ人作家のプライスとの出会いも、また山本と改姓するのも、この学生時代のことであった。なお、このときの海軍大学校の教官陣には、海兵二五期の首席である山梨勝之進《やまなしかつのしん》や二六期首席である小林躋造《こばやしせいぞう》などがいたが、山本たちの海大一四期生が卒業後に集まる同期会（第一四期生会）は、教官であったこの山梨や小林も出席する「実に和気靄々《あいあい》たる会」[20]となっていたようである。

甲種学生としての五十六は、勉学に専念するため大学校近在の寺院（敬覚寺）に下宿し、その勉学ぶりも緩急をつけた独特のものがあったらしい。そうした五十六の姿を同級生であった市木崎慶《いちきざきけい》一《いち》（海兵三一期）は、後日、次のように回想している。(21)

私が山本元帥を本当に怪物だと思ったのは、海軍大学の学生時代からである。当時は大正時代の初期であったが、帝国海軍は太平洋が戦雲に蔽《おお》われる日のことを思い、その作戦を練って居た。当時アメリカでは新型の軍艦が陸続と建造されて居た。大東亜戦争の劈頭、ハワイ真珠湾で我海軍の好餌となったカリフォルニア型、アリゾナ型は進水したばかりの艦型で、其兵棋演習用の砲力尺の算定は未だ行われて居なかった。（中略）その面倒な算定を彼の頑張りと明晰な頭脳でたちまちのうちに全部仕了せてしまった。

その奉仕的精神と実行力には頭が下った。

五十六は、夏期休暇の課題として学生一同に与えられたこの作業を「誰もやらなければ俺がやろう」と一人で片付けてしまっていたのである。

一方、敬覚寺の下宿生活では、海軍大学校で一級下の古賀峯一《こがみねいち》（海兵三四期）と同宿し、休日には「一緒に郊外に古蹟を尋ねたり」(22)するような生活を送っていた。五十六と古賀は北米を回った

「阿蘇」の遠洋航海でもともに指導官として勤務した間柄であり、さらに堀を加えたこの三名（山本、堀、古賀）は、その後歳を重ねても機会があると集まり、旅行を繰り返すような親密さと信頼関係を持つ付き合いを続けていくのである。ちなみに、後のち山本が戦死したあとに連合艦隊司令長官を引き継ぐ人物がこの古賀であった。

こうして大尉時代の約半分の歳月（三年）を学生または教官として送った山本は、一九一五年十二月に海軍少佐となり、翌一六年十二月に「将来の高級指揮官」としての登竜門である甲種学生の課程も卒業した。そして、勇躍、第二艦隊参謀として再び艦隊勤務に戻ることになったのだが、その赴任後間もなく山本はチフスに冒され、結局七ヵ月にも及ぶ長期の療養生活を強いられることになってしまった。海軍兵学校を卒業してすぐに日露戦争に従軍して重傷を負い、海軍士官としてのスタートを療養生活のなかで迎えていた山本にとって、海軍大学校卒業直後に再び訪れたこの長期の療養生活は、精神的にも苦しいものであったろう。(23) 山本は療養生活が明けて約一年後の一九一八年八月に三橋礼子と結婚するが、この結婚が療養生活の孤独による心境の変化の結果であったかどうかはともかく、三橋家は長岡藩とともに戊辰戦争を戦った会津藩の士族の出であり、それが「多分にお国想いの山本のセンチメントにふれる」(24) ということもあったらしい。また、この縁談は、親友の堀が山本に持ち込んだものであったとされている。

しかし、この新婚生活も、山本の単身赴任によって長い離ればなれの生活となる。山本は一九一九年四月にアメリカ駐在を命じられたからである。駐在の目的は、アメリカの国情研究であり、出発は五月二十日横浜港発の「諏訪丸」。こうして山本は、日本海軍にとっての「仮想敵国」であり、自身にとっての「宿命の地」でもあるアメリカにおける駐在員生活に旅立つことになったのである。そして、この駐在員としての旅立ちは、これまで同期に遅れをとりがちであった山本にとって、海軍の出世街道たる欧米主要国での大使館付武官勤務（駐米武官）につながる、新たなる海軍生活のスタートを意味することにもなっていたのである。(25)

（1）反町栄一『人間 山本五十六――元帥の生涯』（光和堂、一九六四年新版）七三頁。
（2）田中宏巳『山本五十六』（吉川弘文館、二〇一〇年）九頁。
（3）反町『人間 山本五十六』七三～八二頁。
（4）反町『人間 山本五十六』三五～三八頁。目黒眞澄『元帥 山本五十六』（みたみ出版、一九四四年）四七頁。鈴木貫太郎『鈴木貫太郎――鈴木貫太郎自伝』（日本図書センター、一九九七年）三二～三四頁。
（5）目黒『元帥 山本五十六』四九～五〇頁。城勘助「五十六少年はなぜ『海軍』を目指したか」（『山本五十六（〝ザ・マン〟シリーズ）』（プレジデント社、一九八〇年二月）一八二頁。なお、野村の「高千穂」は、東郷平八郎が艦長であった巡洋艦「浪速」の交代艦としてハワイに派遣されていたが、その前任の東郷も「もうちっと早く日本が強くなっていたら、太平洋の諸国を白人に奪われることもなかった」と後に語ったという。野村實『日本海軍の歴史』（吉川弘文館、二〇〇二年）二九頁。
（6）反町『人間 山本五十六』二二二頁。
（7）同右、一一五頁。

(8) 同右、二七頁。
(9) 目黒『元帥 山本五十六』四二頁。
(10) 反町『人間 山本五十六』六八、一〇六〜一〇七、一二一頁。
(11)『山本五十六の書簡（長岡市史双書No.45）』（長岡市、二〇〇六年）一五頁。
(12) 阿川弘之『新版 山本五十六』（新潮社、一九六九年）四八頁
(13) それぞれ海兵三六期と三七期の遠洋航海で、前者には真珠湾奇襲攻撃を行った機動部隊指揮官の南雲忠一が、後者には山本が海軍次官時代に軍務局長を務めた井上成美がいた。
(14)『山本五十六の書簡』八九〜九〇頁。
(15) 同右、九一頁。
(16)『山本五十六の書簡』八九、九一頁。
(17) 鈴木『鈴木貫太郎』一八七頁。
(18) 反町『人間 山本五十六』一九二頁。高木惣吉『山本五十六と米内光政』（光人社、一九八二年）一九頁。
(19) 五十六は、それ以前に海軍大学校乙種学生としての教育も受けていたが、その内容は甲種学生の高等教育とは異なり、砲術や水雷術などに関する、いわゆる海軍の術科についての教育であった。
(20) 反町『人間 山本五十六』二〇二頁。
(21) 同右、二〇二〜二〇三頁。
(22) 同右、二〇一頁。
(23) 田中『山本五十六』三八頁。
(24) 阿川『新版 山本五十六』七二頁。
(25) 田中『山本五十六』七二〜七三頁。

第二章　海軍航空への開眼

山本の在米研究

一九一九（大正八）年六月九日にワシントンに着任した山本五十六は、一九二一年五月初めに帰朝を命ぜられるまでの二年間、アメリカ東海岸での生活を送ることになる。この間、山本は海軍少佐から中佐に昇進し、一年目はボストン近郊のハーバード大学において「語学及軍事一般研究準備に従事」、二年目はワシントンに移って「米国海軍軍事一般の研究に従事」することになった。

まず、一年目の六月中旬にボストン入りした山本は、早々に兄季八に手紙を送り、「ハーバード大学は米国有数の大学とか（米国は公立は私立より一段下位のよし、其他大学専門学校の名のつくものは廿ばかり有之《これあり》候）申し、従って研学の都市の由、日本人学生五十名留学致居候」「下宿は家族二名（六十五六の老婦と其娘にて後家となり居る三十五六の人）にて航空大尉の兄弟ニューヨー

米駐在員時代（山本五十六記念館提供）

クに勤務中なりとか申候。朝食のみは会話の稽古の為め家族と共にする事に致候[1]」と新生活の様子を知らせていた。また、八月下旬に始まった大学生活については、「誠ニ自由ニて、熱心ニやる考のものハ、外国人ニ対する英語教授のみニて、他ニ歴史、政治の如き二三課目を慰み半分に採るといふニ過不申（中略）学校もたた彼等、米国青年研学の一般を、割あひに委しく、知り得る位か取柄と存居候」と記し、「しかし、昼ハ学校、夜は家庭教師と謂ふ次第なれハ、老骨ニハ充分の仕事なるへく、一年位ハ匆々《そうそう》経過可致《いたすべく》と存居候。来たはかりと思ふうち、最早、三ヵ月とも相成り、既ニ一／一〇以上を経過せし次第、気のもめる話に御座候[2]」とも書き送っていた。

こうした「気のもめる」状況は二年目のワシントンに戻ってからの生活でも変わらなかった。帰国の約半年前の一九二一年一月に東京の海軍中央に提出された「任務実行に関する経過及予定報告の件[3]」によると、「一般海軍々事研究の為大正九年五月下旬『ボストン』より当華府〔ワシントン〕に転任せし処、間もなく通信予備会談委員随員を命ぜられ、同年七月上旬より同会議に関する事務に従事して今日に及び、本務の遂行に関しては殆ど研究の余裕を得ざりき」という状況に陥っており、また、この報告ではその後の半年間の予定について「引続き一般海軍軍事の研究に従事し、且研究及視察の為任国内旅行の予定なり」ともしていた。

なお、この山本の研究を停滞させたワシントンでの国際通信会議では、山本は駐米大使の幣原喜重郎《しではらきじゅうろう》を補佐していたのであるが、その幣原はそのときの山本の様子について、「山本中佐は不思議な人だ」として、「何や彼やで徹夜するのがほとんど毎晩」で「何時眠って来るか規定の時間には必ず出席して、少しも疲れた様子」もなく、「しかもしばしば卓見を吐いて、会議の成果を挙げるのに大に力になってくれた」。また「他人が一人前やる間に優に三人前を片付ける勢い」の「健啖《けんたん》」ぶりにも驚き、そうしたことに対して山本が「寝溜喰溜は軍人の常、と言うて泰然として居る」様を「実に面白い人」と評していた。(4)

一方、その後山本が実施した「本来任務」と言えるニューヨーク海軍工廠での戦艦「テネシー」視察(二月十四日)では、詳細な報告書のなかで、次のような総括所見も記していた。

米海軍が艦内居住の安易と労力の節減とに力を注ぎつつあるの大なることは、本視察により特に其の感を新にせる所なり。之れ素より有形的には重油専焼、電気の利用、無形的には国民一般の風俗慣習、乗員上下の服従に対する観念等相俟て之が実施を容易にし、且必要ならしむるものにして、悉《ことごと》く採て直に我海軍に適用する能《あた》はざるは勿論なりと雖《いえど》も、此方面に対する工夫、努力が乗員の持久力維持の上に及ぼす影響の軽小ならざるは争うべからず。米海軍努力の動機が果して乗員の持久力を以て戦闘力の主要なる一部となす真面目なる見解に出るや否やを知らざれども、斯《かく》の如き努力を必要のものなりとする真面目なる理由を認むる限り、米艦艤装上の一長所として推奨に値するものと謂わざるべからず。(5)

アメリカの合理性を客観的な目で評価していたことが窺える観察であるが、ここで着目された艦艇の「重油専焼」（重油だけを燃料とする）化に伴う問題、すなわちこの頃の日本海軍の戦艦は、いまだ石炭・重油混焼缶の時代であったが、今後日本でもますます重要となる燃料「石油」については、ワシントンにおける重要な研究課題として山本が取り組みつつあるものであった。そして、その視察のために駐在の最終段階（四月）で実施した自費旅行では、アメリカ国境を越えてメキシコにまで山本は足を延ばし、その際旅費の工面が立たず、「無銭旅行」に近い状態で、「三食パンと水」ですませたという旅行ぶりであった。このとき山本は、季八の日露戦争時の戦友であった新潟県出身の山田健三陸軍少佐とメキシコで会い、山田が金に行き詰まっている状況を見て所持金の大部分を呈上してしまっていた。そのため、メキシコ官憲から「海軍中佐を名乗る亡命者ではないか」という身分の問い合わせが在米日本大使館に寄せられるという事態も生じていた。(6)

この後、五月五日に帰朝命令を受けた山本は、六月下旬にワシントンを発ち、七月初めサンフランシスコ出航の「大洋丸」で七月十九日に横浜港に帰着した。そして、八月初めに軽巡洋艦「北上」副長となるが、わずか四ヵ月後の十二月一日には海軍大学校教官に補せられている。そして、山本はここで半年前に立ち去ったワシントンにおいて、日米英仏伊五国間の海軍軍縮条約が締結（一九二二年二月）されたことを知るのであった。

ワシントン会議の衝撃

一九二一年十一月から開催されたワシントン会議は、第一次世界大戦を通して極東および太平洋地域において生じた国際関係の変化、なかでも日本の力の伸張に対して、あらためてこの地域の国際秩序を確立すべく、アメリカのハーディング大統領によって提唱され、アメリカの首都で開催された会議であった。そして、この会議での重大な懸案としては、とくに日米間にあった建艦競争に対する海軍軍縮の問題があった。そうしたなかで、日米英仏伊の五ヵ国間で締結された海軍軍縮条約は、その後山本が艦長を務めることになる一隻の航空母艦（空母）を完成させるきっかけともなっていた。この空母「赤城」は、一九二二年竣工の試験艦的な小型空母「鳳翔」に続く日本海軍二隻目の空母となったが、それは初めから空母として設計・建造された艦ではなかった。本来は、戦艦「長門」「陸奥」に続く戦艦八隻・巡洋戦艦八隻の八八艦隊計画で、より大型・高速の巡洋戦艦「天城」型二番艦として、一九二〇年に建造が開始された艦であった。

この八八艦隊の計画は、日露戦争時に六六艦隊（戦艦六隻・装甲巡洋艦六隻）でロシアのバルチック艦隊を撃滅（日本海海戦）した日本海軍が、日露戦後に徐々に芽生える日米相互不信を背景に、一九〇七年の国防方針制定時に今度はアメリカ海軍を仮想敵視するなかで構想されていた。そしてその際、日本海軍はアメリカ海軍に対して七割以上の保有量を持つことを目指し、その対米七割比率の保持がその後絶対視されるようにもなっていった。

この対米七割とは「進攻艦隊が防守艦隊に勝利するためには五割以上の兵力優勢を必要とする」という当時の「兵理」から導き出されていた。すなわち、これを防守側からいえば「進攻（アメリカ）艦隊に対して、それを迎え撃つ防守（日本）艦隊は七割以上の兵力が必要になる」ということなのであった。こうした「日本近海に押し寄せる敵艦隊を一挙に破って戦争に勝つ」という日本海軍の戦争観は、まさに日露戦争時の日本海海戦の勝利をモデルとしていた。一方、この日本の対米七割保有については、アメリカ海軍側においても「距離を戦闘力に換算し、艦隊がその根拠地から一〇〇〇マイル進撃するごとに、実戦力が一〇パーセント低下する」という計算から、日本近海での日米の比率がほぼ均整になる量と算定されていた。したがって、この数値「対米七割」は、相互不信を抱き始めていた日米両海軍にとって日米戦争時の勝敗を分けるラインになるというもので、日本海軍側としては対米七割の比率は「対米戦争を想定する上で絶対譲れない」[7]線となっていた。

こうした日米海軍間の競争関係は、一九一四年に勃発した第一次世界大戦下で一段と激化することになった。この戦争では、日米ともに連合国側ということから本来敵対関係にはなかったが、一九一六年夏にアメリカが三年間で戦艦一〇隻・巡洋戦艦六隻を含む一五五隻・約八〇万トンを建造するというダニエル・プランを打ち出すと、日本海軍はこれに対抗して八八艦隊の中身をより強力なものへと更新して、一九二〇年に予算化された計画では、戦艦「長門」「陸奥」を一、二番艦として、一六隻すべてを新造するという膨大な計画になっていた。

しかし、主力艦の建造及び保有量は第一次世界大戦後の海軍軍縮によって各国制限されるようになった。それを定めたのがワシントン会議における海軍軍縮条約で、日本は主力艦の保有量について対米七割を強く求めていたが、結局アメリカの強い主張から六割保有に抑えられる結果となった。この対米六割が意味するところは、理論的には「アメリカ艦隊は日本への進攻が可能になる」ということで、この比率に日本海軍側には大きな不満が残ったのである。

ワシントン軍縮会議前の加藤友三郎（中央）ら全権
左に幣原喜重郎、右に徳川家達

なお、この条約の締結に際して、日本側の会議の首席全権であった海軍大臣の加藤友三郎《かとうともさぶろう》（海兵七期）は、第一次世界大戦後の総力戦の時代において、総合的な国力の観点からも今後の対米建艦競争の継続は不可能と判断し、アメリカが主張する対米六割の受諾をやむをえないものとしていた。しかし、海軍随員の首席だった海軍大学校長の加藤《かとう》寛治《かんじ》（海兵一八期）は、守るべき量のみを求めた日本に対してそれを認めないアメリカへの不信感を顕わにし、加藤（友）全権に対し強く条約締結反対を訴えたが受け入れられなかった。加藤（寛）は、条約締結の夜、悔し涙を浮かべて「米国との戦争がきょうから始まった。かならず報復してみせる」[8]とどなりちらすなどその怒りを顕わにしたというが、こうした日本海軍内の対立はともかくとして、この会議の結果、日米双方が四〇センチ主砲搭載の新造艦として、戦艦「長門」「陸奥」（二隻）、「コロラド」「メリーランド」「ウェスト・バージニア」（三隻）までの保有が認められ、また、「天城」（のち「加賀」）「赤城」と「サラトガ」「レキシントン」の未成艦二隻ずつの空母への改造も認められた。こうして「赤城」は日本初の大型空母として誕生することになったのである。

ところで、山本がこの主力艦対米六割という劣勢比率となったこの軍縮条約締結に対して、どのような所見を持っていたのかということに関しての確たる記録はない。ただし、日本海軍全体としては、基本的に主力艦（戦艦）主兵論のなかで、主力艦での劣勢を補助艦（一万トン級巡洋艦や潜水艦など）の強化で補い、その補助艦などによる敵艦隊の漸減作戦を実施した上で、やはり主力艦同士の決戦で「事を決する」という「漸減邀撃《ようげき》作戦」を考えていったのに対し、山本の考えはそれとは異なる方向に向かっていった。そしてそれは、山本の海軍大学校教官としての研究教育活動のなかに表れていたのである。

山本の海軍大学校での担当は軍政学であったが、「教授が極めて困難」で「適任の教官が甚だ少なかった」[9]なかで、山本がとくに意を注いだのが「軍備に関する事項」であった。そして、それに関する研究は、傍から見れば「或は奇抜過ぎ、又は新奇に馳せる」ものと感じられていたというが、その最も顕著な考えが「ワシントン条約の結果に鑑み、深く日本の将来を洞察し、我国将来の必勝戦備は航空機にある」として航空軍備の確立を唱道していたことであった。そのなかでは、具体的に航空機対戦艦の攻防問題も論じ、戦艦主兵論に疑問を呈していたのである。山本の兵科将校としての専門は「砲術科」(「鉄砲屋」)で、この職種は本来「大艦巨砲(戦艦中心)主義」の「本家」であったはずだが、山本はその職種的方向性から大きく離れることになっていた。そして、そのきっかけに、ワシントン会議における海軍軍縮の結果(主力艦対米六割)があったのである。

山本は、アメリカ駐在時代の研究課題として、先の石油問題と並んでこの航空機についての研究にも熱心に取り組んでいた。実は、山本がこの「語学及軍事一般研究」のためにアメリカ駐在を命ぜられ、アメリカに到着した一九一九年の五月から六月にかけての時期は、航空機の性能と発達を如実に示す大きな出来事が北アメリカ東岸で起こったときであった。航空機による初の大西洋横断飛行である。

まず五月には、アメリカ海軍機がニューヨーク州ロングアイランドとポルトガルのリスボン間で横断飛行に成功、ただしこれは飛行艇による着水しながらの横断であった。ところが、翌六月には、カナダのニューファンドランド島からアイルランドの間で二人の飛行士による無着陸飛行が成功していた。この飛行は、六月十四日から十五日にかけて行われたが、山本がワシントンを経てボストンに到着した日がこの十四日で、翌十五日に無着陸横断が成功していたことになる。二人の飛行士は、この成功でイギリスのデーリー・メール紙から賞金一万ポンドを獲得しており、この多額の賞金からもこのニュースは当時のアメリカ東海岸でも大きな話題になったであろう。あるいは、ボストン到着早々の山本を最初に襲った巷《ちまた》のニュースがこの横断飛行成功であったということだったかもしれない。

この横断飛行は、これからアメリカで軍事研究に従事する海軍士官としても、もちろん見逃せないニュースであったろう。すでに地上の戦いでの航空機の有用性は第一次世界大戦で実証済みであったが、この航空機の「渡洋」能力の獲得は、将来の海上戦での活躍に道を開くものだったからである。実際、アメリカ海軍もこのとき「航空隊大拡張の必要」を打ち出し、航空機による廃棄戦艦に対する爆撃実験なども繰り返していた。そして、山本のアメリカでの「上司」にあたる駐米武官であった上田良武《うえだよしたけ》(海兵二八期)は、山本より一足早く一九二〇年十二月初めの帰朝命令で帰国するが、帰国後は、ワシントン会議の全権委員随員を命ぜられワシントンにいったん戻るものの、それ以降は航空機試験所長、技術研究所航空機研究部長、そして航空本部技術部長と、まさにその後の山本の経歴の一歩前を歩むかのように、航空機の研究開発に打ち込んでいたのである。もともとこの上田も「水雷科」出身で、駐米武官の前、とくに航空分野での勤務があったわけではない。おそらくアメリカでの経験が彼を航空分野へと駆り立てたのであろう。そして、このことは山本においても全く同様であったと考えられる。すなわち、この時期のアメリカは、海軍軍人に航空機の重要性へ目を開かせる、まさにそういう時代だったのである。(10)

霞空副長

海軍大学校での一年半の研究・教官生活を経て、山本は自身のその後の海軍内での「進路」を、海軍航空に向けることを決意したのだと思われる。一九二三年六月三十日に軍令部出仕となり、海軍次官を降りたばかりの井出謙治《いでけんじ》（海兵一六期）との「海軍一般軍事視察の為」の欧米出張を命ぜられ、八ヵ月余りにおよぶ視察旅行から帰国（一九二四年三月末）した後は、八ヵ月間の人事的「空白」を経て（六月横須賀鎮守府付、九月霞ヶ浦航空隊付）、十二月一日に霞ヶ浦航空隊教頭兼副長という航空関係のポストに就いた。しかし、この人事は明らかに異例なものと言えた。まず、着任前の長い付勤務が異例で、それは山本が航空職種の勤務を望んだが空きポストがなかったための処置だったとも考えられる。さらに、山本の前任者は海兵後輩で海軍中佐の和田秀穂《わだひでほ》（海兵三四期）であった。山本は、前年の視察旅行中の十二月に海軍大佐となっていたし、和田は第一次世界大戦で日本海軍初の航空作戦を実施した青島作戦における航空搭乗員でもあり、「鉄砲屋」山本の配置はまさに部外からの「割り込み」人事だったのである。

一方、それに先立つ八ヵ月余りの井出との海外視察でも、山本は航空先進国である欧米（英、独、仏、伊、米）各国の航空部隊をまわるという、またとない機会を得ていた。(11) こうした機会が山本に与えられた背景には、海軍大学校の上司であった山本英輔《やまもとえいすけ》（海兵二四期）校長の存在があったことが一つ考えられる。山本校長は、日本海軍内で最も早く航空機の能力に着目し、海軍航空の発展に寄与した人物で、おそらく航空主兵を論じる五十六教官は英輔校長の目にとまる存在だったのであろう[12]。また、この長期の海外視察中、井出は山本（五十六）に対し、「種々の見学視察を行ったが、彼（山本）は、その記録は必ずその日のうちにきちんと纏めて、どんなに夜遅くなっても決して翌日には廻さなかった」、「敢闘の精神に充ち満ちて、全力を尽して事に当るという熱烈なる努力家」として「全幅の信頼」を置くようになっていた[13]。

井出謙治とともにオレンジ油田を視察　左から２人目が山本五十六、右端が井出（山本五十六記念館提供）

この前任の海軍次官（帰国後、軍事参議官・海軍大将）とその後海軍の中枢を歩む山本英輔（のち連合艦隊司令長官・海軍大将）の存在は、その後山本五十六が航空分野への道に進む上での「人脈」としても強力なものでありえたであろう。また、この長期にわたる欧米諸国の視察旅行は、前後のアメリカ駐在経験と合わせて、間違いなく山本に諸外国の事情を肌で感じる大きな機会を与えたと考えられる。

ところで、こうしてようやく航空職域へと入った山本の職名は、すぐに「教頭兼副長」から「副長兼教頭」へと入れ代わった。これは山本の希望で、「副長」職を重視する姿勢の表れであった。当時の霞ヶ浦海軍航空隊（霞空）は、イギリスの「センピル飛行団」（イギリス空軍のセンピル大佐が率いて、航空技能を指導した）招聘による霞ヶ浦での教育が終わった直後に、基本操縦教育を専門とする航空隊として開隊（一九二二年十一月一日）されて二年、ようやく海軍の飛行教育も本格化しつつあった。また、ワシントン会議の結果からくる劣勢挽回という意識のもと、訓練も一段と強化・高度化されつつあるなかでもあった。しかしながら飛行機の安全率はまだまだ低く、飛行機の墜落事故が増加していた。山本は、こうした事故の続発により隊の空気が荒み、規律違反が横行するなかで、まずは海軍組織として規律を正すことを重視して、その服務指導の責任者たる「副長」職を前面に押し出したのである。それに対して、「特技者」としてのプライドも高い航空搭乗員たちからは、「部外者」である山本副長への反発も生じていた。

霞ヶ浦海軍飛行隊を視察する昭和天皇（1929年、朝日新聞社提供）

　そうした状況について、このとき海軍中尉で、飛行学生を終えたばかりの三和《みわ》義勇《よしたけ》（海兵四八期）は次のように書き記

している。(14)

私は丁度其の年の五月に飛行学生教程を卒業した許《ばか》りの中尉で、当時操縦教官の見習いの様な事をして居た。血気盛で、小生意気で若さが持つ元気を除いては何処《どこ》から見ても優秀な青年将校であったとは今の今でも考えられぬ。其の私に対し戦術科長兼内務主任であった松永寿雄《まつながひさお》〔海兵三七期〕少佐から、「新副長は元気一杯の中尉級を副長付に所望されたから、貴様を推薦して置いた。」と言はれたので、生意気にも私は、「もう近々操縦教官にならうとして居る者が甲板士官ナンテ真平御免。」と言う様な返答をした。松永少佐と押し返へし問答の末、「そんなら貴様直接山本大佐の所へ言《ママ》ってソウ言へ。」と言ふ事になって、私はノコノコと山本大佐の所に出かけた。がサテ逢って目の前で曰《い》はうとすると、大佐の気迫に打たれてか言葉が出ない。忸怩《じくじ》として居る間に山本大佐の方から口を切られ、「当隊の現状を見るに軍紀風紀に遺憾の点が少くない。先ずこれから刷新して行かぬと軍隊として立ち行かぬ事になる。此の意味で僕は従来の内務主任を罷《や》め又教頭兼副長の職を副長兼教頭に改めて貰い、軍紀の維持、風紀の改善から始めたいと思う。其の第一は毎日の様に絶えない遅刻者、脱営者を皆無にする事である。此の事は君に許りやらせるのではない、自分がやるから君も補佐する様に。」と言う様な御話であった。全く機先を制せられ、且その気迫に打たれ、結局私は一言の文句も言はず、「懸命の努力を致します。」と言って引き下がって仕舞《しま》った。

三和は、山本副長の航空運用者としての見識についても次のように回想している。(15) すなわち、「其の頃帝国海軍初代の航空母艦鳳翔が漸く実用の域」に入ってきていたが、その搭載機の「搭乗員たるや、技倆極めて優秀な、謂《い》わば天才的な人間」でなければいけないとする関係者の意見があった。これに対して、山本副長は「百人の搭乗員中幾人あるか知れぬ様な、天才的な人間でなければ着艦できぬとすれば、帝国海軍にはソンナ航空母艦は要らぬ。素質云々もさる事乍《なが》ら、要は訓練方式の改善と、当事者の訓練に対する努力の如何にあると信ずる。試みに次回の母艦搭乗員には技倆中級の者を持って行け」と激しく論駁《ろんばく》したという。これは、空母の将来の戦力化を考える上での当然の結論であったろう。そして、自分でも「決して技倆優秀ではなく中級」であることを自覚していた三和は、希望通り、このあと母艦搭乗員になることができたということである。

また、このとき航空隊の機関大尉の分隊長で航空機の整備にあたっていた本多伊吉《ほんだいきち》（海機二七期、海兵四六期相当）は、危険度がまだ高い飛行機に山本副長が「何の躊躇《ちゅうちょ》もなく」乗り込み、正月の各機種とり混ぜた四、五〇機の恒例の帝都訪問飛行では「副長格としては初めての機上指揮官」にもなり、さらに、二機の水陸両用機で実施された樺太往復飛行でも、「空中指揮官」となった山本の様子について次のように回想している。(16)

英国から購入していた、シールとバイキングと言う水陸両用機二機で樺太横断飛行が実施され

天洋丸に模擬爆弾を投下する霞ヶ浦飛行隊（「長岡の歴史を伝える会」蔵、新潟県立歴史博物館寄託）

たが、両機とも航続力が短いので、私達が未熟な整備工作力で増槽を特設、あとから考えると膚に粟が生ずるほどの幼稚な工作だったが安んじて霞空大《おお》湊《みなと》間の第一次コースの指揮官として乗られた。淡々とした空中陣頭指揮であったろう。

山本は教頭兼副長着任前の霞空付の頃からすでに航空機の操縦も学んでおり、「少佐、大尉の飛行機屋教官の講義を、兵員とともに謙虚に熱心に」[17]聴いていた。なお、操縦術を教えた大尉教官であった城《じょう》英一郎《えいいちろう》（海兵五〇期）によると、飛行機操縦の山本の「勘」はなかなかよかった、ということである。[18]また、山本副長は月の大半は隊内で生活し、半ドンであった土曜日の午後なども「一人で広い隊内をコツコツ廻り」[19]作業で残る隊員たちを「いつも一言も言われないで」激励していたともいう。こうして山本は海軍航空の世界に自ら溶け込み、かつ改革すべきところは改革するというリーダーシップを発揮していったのである。

山本はちょうど一年間この霞空副長勤務に就いた。そして、次に米国在勤帝国大使館付武官を命ぜられ、一九二六年一月二十一日に横浜港から「天洋丸」でアメリカに向かった。その船がまさに岸壁を離れるとき、海軍機が船上に飛来し、模擬爆弾（報告球）を投下していった。この投下訓練は霞空が実施したもので、実は山本大佐の出発を見送りに来ていたのである。[20] 山本が霞空勤務を成功させて、いかに「航空屋」の仲間入りをしていたかを伝える一つのエピソードと言えよう。

駐米武官

山本が再びワシントン勤務となり、駐米武官として赴任したときの駐米大使は松平恒雄《まつだいらつねお》であった。その松平と山本はその後の一九三〇年代にロンドンの地においても再び海軍軍縮問題で共に仕事をする運命になるのだが、そうした赴任から一年が経った頃、山本武官の補佐官として霞空時代に副官を務めた三和が着任した。三和は、山本が送り込むことになった空母「鳳翔」の母艦搭乗員（戦闘機分隊長）勤務を経てのワシントン着任であった。その着任から約三ヵ月後の一九二七年五月、またまたアメリカそして世界の航空界を「アッ」と言わせる偉業が達成された。チャールズ・リンドバーグによる大西洋「単独」無着陸横断飛行の成功であった。しかも、今回はニューヨーク－パリ間という、最初の横断飛行（ニューファンドランド－アイルランド間）の三倍以上の距離（五八一〇キロ）を単独で三三時間以上かけて飛行したのである。その後、最後に不時着水はあったが、事実上の横断成功（リチャード・バード）も続いた。山本は、再びアメリカ航空界の実力を目の当たりにさせられたのである。

駐在武官の仕事の一つは、その国に来た海軍軍人の活動に指導、助言を与えることであったが、山本は着任した三和にこれらの洋上飛行についての研究を命じた。三和は、その研究にあたって「フト気がついた事は、洋上長距離飛行上、計器飛行天測航法が絶対必要な事」であった。「米国は既にこれに着目して、立派な計器も使用して居れば又バードの飛行あたりは機上天測を実用」していた。これに対し、日本では「海軍の航空でさえまだセンピル飛行団から教わった、あの勘偏教育〔計器に頼らず体で覚えさせる教育〕の域を脱して居ない。私達は其の前年鳳翔で着艦訓練をしたが、そのときでもまだまだ計器は当てにならぬ、勘を養わねばならぬ、と教わって居た」のである。そこで、

駐在武官時代（山本五十六記念館提供）

三和は「計器飛行を尊重する様に進めねば行詰る」とする意見とその対策を山本武官に提出した。これに対し、山本は「その通りだ、僕も全然同意だ、一寸借せ少しなおしてやる」と言って結論部分を「注意を喚起する為にか、大部激しい論調」にして、これを月報として所要の向きに送っていた。そこには山本の「計器飛行及びその対策を、早く我が海軍航空に採りいれねばならぬ」という

焦りすら感じられた。確かにこの対策は、洋上で活動する海軍において航空戦力を実用化する際に避けられない課題だったからである。(21)

また、三和はワシントン勤務のなかで、山本に「一度大変叱られた事があった」。当時、本国においては、連合艦隊がワシントン会議における主力艦劣勢比率を挽回すべく、加藤寛治司令長官の下、日夜激しい訓練を行っていた。いわゆる「月月火水木金金」にたとえられる訓練である。一九二七（昭和二）年八月二十四日の暗夜、その訓練中に艦艇の衝突事件（美保関《みほのせき》事件、駆逐艦一隻沈没、死者百名以上）が起き、発端となった軽巡洋艦「神通」の艦長・水城圭次《みずしろけいじ》（海兵三二期）が、その責任をとって自決した。そのことにつき、三和が「死んでも仕方あるまい。生きて償《つぐな》いをつける様な働きをされた方が善かったのではないか」という主旨の発言をすると、それを聞いた山本武官は「何ッ」と睨《にら》み据えて次のように諭していたという。(22)

死を以て責に任ずると言う事は我が武士道の根本である。其考えが腹の底にあればこそ人の長としても御勤めが出来る。そう言う人が艦長で居ればこそ日本海軍は大磐石なのだ。水城大佐の自決は立派とも言えるし、自分としては当然のことをやったとも考えて居る。君の様な唯物的の考えは今時流行《はや》るのかも知れぬが、それでは帝国海軍の軍人としてまさかの時に役に立たぬゾ。また、死を以て責をとった人に対しては、軽々しく批評してはいかぬ。

山本にとって、水城は海兵の同期生でもあり、砲術科士官としての教育でも同じ釜の飯を食った間柄であった。

山本は、この事件の約三ヵ月後に帰朝命令を受けて翌一九二八年の三月に帰国し、海軍軍令部出仕となり、約五ヵ月間を過ごした。そして、軽巡洋艦「五十鈴《いすず》」艦長（八月）を経て、空母「赤城」艦長（十二月十日）に補せられている。およそ海軍の兵科将校にとって、大型艦の艦長を務めること、なかでも主力艦である戦艦の艦長を務めることは、一つの大きな夢であったと言ってよいであろう。しかし、海兵同期の吉田善吾（「陸奥」艦長）や嶋田繁太郎（「比叡」艦長）が同時期に戦艦の艦長を務めるなかでも、空母の艦長としての山本には不満はなかったと考えられる。第一、「赤城」は当時の日本海軍最大の戦艦「長門」「陸奥」よりも、その全長において三〇～四〇メートルも上回る「巨艦」であり、まさに日本海軍「最大」の軍艦であった。そして何よりも、まだまだ大艦巨砲主義＝戦艦主兵論が常識であった当時の日本海軍ではあったが、山本自身は第一次世界大戦中から芽を出し始めた航空戦力にいち早く着目し、将来の航空主兵を論じつつあるなかでの空母艦長配置だったからである。一九二七年三月竣工の日本海軍初の本格空母「赤城」の三代目艦長として、山本はまさにこれからの海上航空戦力の育成という目標に向けて、試行錯誤の上にも激しい訓練に打ち込んでいくことになるのである。

ただし、その艦長就任前の五ヵ月間の海軍軍令部出仕の期間は、郷里長岡に帰省するなど比較的時間的余裕もあり、また、海軍の諸学校での講演なども求められていたようである。その講演のなかで、山本は水雷学校の学生に対して「対米戦開始の暁は、まず真珠湾を攻撃すべし。消極退嬰《たいえい》の戦法では、勝ち目はない」(23)と論じ、学生たちを驚かせていた。まさに、一三年後の真珠湾奇襲への構想がすでに胸中にあったことを思わせる発言であるが、ワシントン会議後の国防方針の改定(一九二四年)で日本の「筆頭」の仮想敵国となったアメリカの駐在武官としては、こうした対米戦に関する研究もまた当然の任務であったろう。武官時代、アメリカ海軍の士官を養成するアナポリス海軍兵学校を訪れた山本は、たまたま戦術教室での対日作戦教育に出くわし、「大変御勉強ですね、大《おお》いに東洋作戦を研究して下さい」と笑みを浮かべて話し、日本ではどうかと問われたのに対して「勿論僕等の方も同様大にやって居ますヨ」と答えていたという。(24)そして、これこそが当時の日米両海軍の「関係」だったのである。

「赤城」艦長

山本が艦長となった「赤城」は、ちょうどその年の一九二八年四月に初めての空母部隊となる第一航空戦隊を空母「鳳翔」と編成し、部隊単位の訓練をようやく開始していたところであった。そして、山本はこの「赤城」で怨嗟《えんき》の声が出るほどの猛訓練を繰り広げていたが、一方で訓練が終われば部下を心よりいたわるという情の厚さ、部下思いの面も示していた。(25)

山本が「赤城」に着任したのは、年が明けた一九二九年の一月。このとき「赤城」は広島沖での訓練中で、山本にはまず横須賀から飛来する艦上機を着艦させるという仕事が待ち受けていた。その日、天候は「あいにくの強風で動揺が強く、着艦にはまことに危険」な状況で、しかもこの頃の空母は、まだ「設備が不完全で、操縦技術の方も艦上の着艦には、まず命がけ」という段階であった。予定通り飛来した着艦機は、何度かの試みのあと思い切って着艦したが、「それは飛行甲板の中央あたりにおりてしまったので、そのままでは艦首から滑りだして、海中に転落すること疑いなし」という事態に陥ってしまった。その瞬間、飛行甲板に飛び出して飛行機の主翼にとりすがり、飛行機を止めようとしたのが新任艦長の山本であったという。結局、危険を察知したまわりの大勢が加勢し、着艦機は無事停止、事なきを得ていた。まさに命がけの「部下思い」であったが、なお、この「大勢」のなかには、軍令部参謀であった山口多聞《やまぐちたもん》(海兵四〇期)も加わっていたという。(26)

空母「赤城」

四月に入って、再び連合艦隊に編入された第一航空戦隊旗艦「赤城」(一九二八年十二月からは第一予備艦)は、高橋三吉《たかはしさんきち》(海兵二九期)司令官のもと、前年度に続き年度の訓練に入ったが、しかし、その直後に「済州島事件」と呼ばれる事故を引き起こすことになった。済州島の南方で行われた連合艦隊の訓練で、甲軍・乙軍に分かれた一方（乙軍附属）の航空戦隊は、甲主力戦隊の攻撃に合計九機の攻撃機を発艦させた。この攻撃機隊の発艦時にも、天候は曇り時々雨という具合であまり芳しくなかったが、その後周辺海域の天候は急激に悪化し、「攻撃」そのものには「成功」したものの、攻撃機の帰艦は非常に困難な状況となった。そのうち攻撃機からは「艦が見えない」「燃料あと二十分」などの電信が入ってくる事態となり、結局、一機のみがかろうじて帰艦、残り八機が未帰還となってしまった。翌日は日没まで艦隊挙げての捜索となったが、攻撃機も搭乗員も探し出すことはできなかった。この間、高橋司令官によると、山本艦長は「実に悲壮な顔」で「食卓に就いても食事は殆ど喉を通らず、しかも時々涙をポロポロ流して」いたといわれる。しかし、艦隊がひとまず佐世保に入り、そこから商船や漁船に助けられた搭乗員が「赤城」に帰ってくると、「山本君の喜びは、実に大したもので或は飛行将校の手を握り、又涙を流して喜び」これをいたわっていた。そして、そこには「自分の責任問題を免れないといって、いわゆる責任問題を心配」する風はなく、「只《ただ》部下が一人でも多く助かればいい」ということで終始していたというのである。[27]

結局、この済州島事件は搭乗員四名と攻撃機八機を失う結果となったが、山本は事故報告書を、「原因に付ては唯是《ただこれ》艦長として、所管長として、司令官の意図通りに部下を錬成し得なかった事に帰着する、真に申訳がない。従て其の責任は一に艦長が負う可きである。茲《ここ》に謹んで上司の裁断を仰ぐ」と結んでいた。のちに航空本部（出仕）でこの報告書を読んだ三和は、一言の弁解もない報告内容に「これこそ軍隊錬成の基本たるべき所管長の心構え」で「真に立派な態度である」と感じていたというが、この報告書の余白には、「赤城」の前任艦長で航空本部教育部長であった小林省三郎《こばやしせいざぶろう》（海兵三一期）による「猛訓練を要する以上、これ位の犠牲は覚悟で進まねばならぬ、深く艦長の責を問う必要なし」という書き込みもなされていた(28)。

もちろん、山本の「赤城」艦長生活は、こうした暗い事件に尽きるわけではない。済州島事件後に横須賀に向かい、事件で失った攻撃機の代替を受け取る際、その代替機に便乗して「赤城」に着艦許可を求めた本多伊吉は、そのときのやり取りを次のように記している(29)。

五月中旬、赤城が横須賀に入港する際、その代替機の一部は赤城に着艦することになったので、私は着艦の経験を得るために艦攻に搭乗して着艦し、山本艦長へ挨拶に赴いたら、ちょうど操艦のまっ最中、一寸横目で私を見て

「着艦機に君の搭乗許可を与えなかったら、新しい飛行機をあげないと言われたら困るからね」

と笑いながら言われた。

操艦中にでも、こんなユーモアのある艦長だった。

かつて霞空の分隊長であった本多は、このとき、横須賀の工廠造兵部と鎮守府軍需部で代替機の

整備・補充に携わっていた。大型艦艦長としての山本の姿も、板に付いたものだったようである。

こうした山本の「待望」の艦長勤務も、十月八日の辞令「海軍軍令部出仕兼海軍省出仕」で終わりを告げることになった。これは、翌十一月十二日の「倫敦海軍会議全権委員随員」の指名に先駆けた人事配置となったが、山本の「赤城」艦長勤務は、前年十二月からの一〇ヵ月で幕を閉じることになった。山本の後任艦長には、前任者の小林がわずか一ヵ月弱の短期間であったが、航空本部教育部長から出戻って着任した。人事周期的には、山本はあと一〜二ヵ月の間、艦長職を続けられていたはずだが、ロンドン会議への出発がそれを許さなかったということなのであろう。

こうして山本は、ロンドンに旅立つことになったのである。

(1) 反町栄一『人間 山本五十六――元帥の生涯』(光和堂、一九六四年新版)二二四頁。
(2)『山本五十六の書簡(長岡市史双書No.45)』(長岡市、二〇〇六年)六三頁。
(3)「山本少佐報告」(「大正八年 外国駐在員報告 巻六上」防衛研究所戦史研究センター所蔵)。
(4) 反町『人間 山本五十六』二三四頁。
(5)「山本少佐報告」。
(6) 反町『人間 山本五十六』二三七〜二三八頁。
(7) 麻田貞雄『両大戦間の日米関係――海軍と政策決定過程』(東京大学出版会、一九九三年)一五〇〜一五九頁。

(8)同右、一五九頁。
(9)反町『人間 山本五十六』二四〇～二四二頁。
(10)田中宏巳『山本五十六』(吉川弘文館、二〇一〇年)七四～七五頁。
(11)本多伊吉『山本五十六と海軍航空』(大日本絵画、二〇一二年)九頁。
(12)田中『山本五十六』八五頁。
(13)反町『人間 山本五十六』二四六頁。
(14)坂井多美子編『三和義勇「山本元帥の思い出」』(私家版、一九九九年)一五～一六頁。
(15)同右、三〇～三三頁。
(16)本多『山本五十六と海軍航空』九頁。
(17)雨倉孝之『海軍航空の基礎知識』(光人社、二〇〇三年)七二頁。
(18)野村実編『侍従武官 城英一郎日記』(山川出版社、一九八二年)二八一頁。
(19)本多『山本五十六と海軍航空』九頁。
(20)野村『侍従武官 城英一郎日記』二八二頁。
(21)坂井『三和義勇「山本元帥の思い出」』三六～三八頁。
(22)同右、四三～四四頁。
(23)池田清『日本の海軍(下)』(朝日ソノラマ、一九八七年)二七一頁。防衛研修所戦史室『戦史叢書 ハワイ作戦』(朝雲新聞社、一九六七年)七三頁。
(24)反町『人間 山本五十六』二八四頁。
(25)楳本捨三『提督 山本五十六――その昭和史』(宮川書房新社、一九六八年)一〇二～一〇四頁。
(26)高木惣吉『山本五十六と米内光政』(光人社、一九八二年)二九～三〇頁。

(27) 反町『人間 山本五十六』二九四〜二九七頁。
(28) 坂井『三和義勇「山本元帥の思い出」』四六〜四八頁。
(29) 本多『山本五十六と海軍航空』一四頁。

第三章　ロンドン海軍軍縮会議の「敗戦」

ロンドン会議の日本全権団海軍随員

ワシントン会議後の日本海軍は、軍縮条約上の主力艦劣勢比率を補うため、条約制限外の一万トン級（八吋《インチ》砲搭載大型）巡洋艦や潜水艦の増強を計るようになっていた。また、他方では量の制限を質で補うという精神から、連合艦隊ではいわゆる「月月火水木金金」とも称される猛訓練が繰り返されるようにもなっていった。

ワシントン会議後、海軍内の主流を占めつつあった勢力は、加藤友三郎亡きあと（一九二三年八月没）、加藤寛治的な反ワシントン体制派、すなわち反米英派となっていた。[1] その加藤（寛）は一九二六（大正十五）年から二八（昭和三）年にかけて連合艦隊司令長官として艦隊勤務をし、さらに二九年一月には、海軍軍令部長となり、海軍の統帥部の長として翌年のロンドン会議を迎えた。

そして、ロンドンではワシントンの主力艦制限を補うために日本海軍が手塩にかけて整備してきた一万トン級巡洋艦や潜水艦という補助艦が、軍縮の対象となっていた。結局、ワシントンでの主力艦制限はそれ以下の艦種の建艦競争をもたらしていたのである。一方、米英とくにアメリカにとって、これら条約制限外の補助艦で増強を進める日本海軍は徐々にその脅威となっていき、それに対して再び軍縮による抑制がロンドンで試みられたのである。

この米英の動きに対して、日本海軍は前回の軍縮会議の反省から、ワシントンの轍《てつ》を「決して踏まず」という意気込みであった。前年（一九二九年）十一月二十六日には、時の浜口雄幸《はまぐちおさち》内閣でロンドン会議における日本の原則的要求たる「三大要求」、すなわち「①補助艦総括対米七割、とくに②一万トン級巡洋艦対米七割、③潜水艦七万八五〇〇トン（昭和六年度末現有量）」を閣議決定に持ち込んだ。なお、ロンドン会議の全権として海軍からは財部彪《たからべたけし》（海兵一五期）海軍大臣が派遣されたが、首席全権はワシントン会議のときとは異なり、海軍大臣（軍人）ではなく、シビリアンの若槻礼次郎《わかつきれいじろう》元首相であった。

若槻元首相の首席全権就任には、浜口雄幸首相や幣原喜重郎外相らの意向が強く働いていた。(2)そして、そのシビリアンの指名という人選の背景には、海軍側の三大要求貫徹の強い要求が会議を決裂させかねないとの認識があり、それに対して政治決断ができる人物をロンドンへ送り込みたいとの思惑があった。換言すれば、ロンドンにおいて日本海軍がその要求を押し通せば米英側との全面衝突となり、会議が決裂しかねないという危機感が日本政府、そして宮中周辺に大きかったのである。

そうしたなかで、全権としてこの若槻と財部のほかに、駐英大使の松平恒雄が、そして後日、駐白（ベルギー）大使の永井《ながい》松三《まつぞう》が任命されていた。ただし、この四人の全権中、海軍の要求を担い、海軍の期待を一身に背負うのは、当然のことながら、海軍大臣たる財部をおいて他にはいなかった。

しかし、この財部海相のリーダーシップについて、海軍内での評価は決して高いものではなく、とくに三大要求を強く求める勢力（強硬派）においてそうした不安は深刻なものであった。そうした財部全権をロンドンにおいてまず補佐すべき存在としては、海軍首席随員の左近司政三《さこんじせいぞう》（海兵二八期）がいたが、その評価も、少なくとも全権団に加わった中堅層（大佐・中佐クラス）の海軍随員からみれば、大変心許ないものであった。そうした様子を随員の一人であった佐藤市郎《さとういちろう》（海兵三六期、ジュネーヴ駐在海軍代表）は、ロンドン会議が開会する五日前（一九三〇年一月十六日）の日記に次のように記していた。[3]

若槻礼次郎（左）財部彪（ゲッティイメージズ提供）

> 左近司さんは、寿府会議当時の原敢〔原敢二郎《はらかんじろう》、海兵二八期、次席随員〕同様、自薦で首席随員となった相だ。大馬鹿大将〔財部〕も同様だ。そして彼氏の頭には国防

は何もなく、唯会議成功後の授爵だけで出張前の支度振りがまるで物見遊山旅行本位であったと聞く。（中略）なにしろ全権〔財部〕が遊山気分なら左近司男爵は、また問題は手軽に片附くと見縊《みくび》っていたらしい。ところが愈《いよいよ》来て見ると手軽《てがる》に行くどころか容易ならぬことが初めて判って来た。随員打合会議で色々と喋ると、直ぐにあちらからもこちらからも横槍をいれられる。外務の山形〔清〕書記官が左近司さんも海軍の首席随員なら首席随員らしく専門事項についてはハッキリした意見を表明して貰わなくては困ると述懐した通りに、外務省からも内《うち》兜《かぶと》を見透かされて了《しま》った。元来持病もあるのだ相だが、か様な始末で会議の始まる前に早くも神経衰弱になった。

そこで、その左近司首席随員を補佐する次席随員として、「次官〔山梨勝之進〕次長〔末次信正《すえつぐのぶまさ》、海兵二七期〕が心配して山本〔五十六〕少将をつけた」のだが、さらに「次官は最初から左近司では駄目と見切りをつけていたらしいが、大将〔財部〕のお声掛りがあるので之をよさせる訳にも往かず、そこで後見人安保《あぼ》〔清種《きよかず》、海兵一八期〕大将を起用」することになった。

けれどもそれだけではまだ安心が出来ぬので、要すれば末次さんに西伯利《シベリア》経由で急行して貰う積《つもり》だったらしい。出発直前に次官が榎本君《えのもと》〔重治《しげはる》、海軍書記官〕に何か思うことがあったら打明けて呉れと云われた。榎本君は左近司さんでは不十分とも云い兼てどうでしょう健康はもつでしょうか若《も》しものことがあったら……と云わせも果てず次官はソンナことならいいよ、内地の者も十分考えているよと云われた相だ。

ロンドン海軍軍縮問題を通して国内で最強硬派だった海軍軍令部次長の末次信正と、最終的に海軍の三大要求を後退させる形での軍縮受け入れに向かう海軍次官の山梨勝之進は、その後徐々に国内で対立する関係になり、結局、末次の「西伯利経由で急行」するロンドン行きも実現することはなかった。そうしたなかで、ロンドンにおける海軍全権団員の首脳陣への不信、すなわち誰が海軍の要求をロンドンで強く主張していくのかという問題は、存在し続けることになった。今回のロンドン会議では、ワシントン会議時の加藤友三郎のようなトップ・ダウン式のリーダーシップはなく、それを補う形で展開されることになったのが、海軍中堅層の随員（海軍専門委員）らのボトム・アップ的な活動であった。

次席随員・山本五十六

ロンドンの海軍中堅層の「まとめ役」としては、少将に昇進したばかりの「次官次長によって送り込まれた」山本五十六次席随員が位置していた。佐藤は、その山本に「しっかりしている山本さんの下なら真に働き甲斐がある」(4)と絶大な信頼を寄せており、また、この山本の次席随員任命の背景には、軍務局長であった同期の堀悌吉の押しがあったことを次のように記していた（一月八日の日記）。

聞けば左近司さんは一再ならず次官に大叱られに叱られる程のヘマをやっているのでみんな心配で堪らず誰かしっかりした者をと物色した結果山本さんに白羽の矢が立った。なんでも堀さんが適任者もないので遠慮しながらクラス・メートの山本少将を推薦したらしく、山本さんの役は軍縮のことなど知らなくてもよいから唯々強く頑張れと云うのだ相だ。(5)

海軍中堅随員らによるボトム・アップの活動は、若槻全権以下全権団の横浜出港（一九二九年十一月三十日）「さいべりや丸」の船中からすでに始められていた。若槻によれば「それは船の中で、いろいろの打合せも出来るし、全然海軍の知識のない私に、それを吹込もうという意味もあったようである。つまり私のために、海軍学校をやるつもりであったろう(6)」ということであった。しかもこの海軍の啓蒙活動は、若槻全権に限らず、他省からの随員らにも試みられていたようであり、しかし、その活動は必ずしも順調だったわけではなく、大蔵省からの随員であった賀屋興宣《かやおきのり》によると、次のような混乱も生じさせていた。

全権団の随員会議は船中からしばしば開かれたが、海軍は例の七割主張と保有量の高い水準を希望しているのでなかなか案を出してこない。私は日本の安全の線である七割主張をとりいれ、日英米に仏を加えてできるだけ保有水準を低くする案を作って提案した。もとより海軍の気に入るはずがない。だが、私は各国海軍のじゅうぶんに詳細な資料を集めていたから、専門的な議論でもつねに反論を許さなかった。（中略）

とうとう海軍の次席随員の山本五十六少将（後に元帥）が、大蔵省がこれ以上主張するなら全海軍は鉄拳をもって制裁すると、とんでもないことを言いだした。それで随員会議は全く混乱に陥って、とうとうそれ以後開かれない。私と山本少将は口もきかないという仕儀になってしまった。(7)

海軍の三大要求は、一九三〇年一月二十一日に英米日仏伊五ヵ国が参集して開始されたロンドン会議においても、予想された通り米英側との対立を惹起し、交渉は行き詰まっていった。そして、会議開催から二ヵ月近くを経て、とくに七割問題で対立する日米間でこの行き詰まりを打開する案が、若槻全権とスチムソン全権（国務長官）および松平全権とリード全権（上院議員）という、シビリアン・ベースで話し合われ、日米間の妥協案が作成される。このいわゆる「松平・リード案」を基礎とした軍縮条約締結の可否について、若槻全権は日本政府に請訓することになるのだが、ただし、この日米妥協案は海軍の専門的見地からは、その三大要求を大きく損なうものであった。そうした日米間の妥協案作成が進むなかで、山本は三月十日に、直接、若槻全権に私見としてその非

ロンドン海軍軍縮会議、記念の会で　左から７人目が山本五十六（1931年、朝日新聞社提供）

なるところを以下のように意見具申していた。

まず、山本は現在の会議の大勢について、「現下の情勢に於て最注意を要するものは英米の対日態度にあらずして右両国の対仏態度にして、速《すみやか》に探索を要するもの先《ま》づ英米と仏国との交渉の真相より急なるはなし」と書く。会議の行き詰まり状況が英米と日本の間のものばかりでなく、英米とフランスの間、とくに「真の行詰りは英仏の間」に生じていると指摘したのである。例えば、日本の三大要求の一つでもある潜水艦の保有量について、フランスの要求は日本以上の八万トンを下るものではなく、他の補助艦も含めたこうしたフランスの過大な要求に対して、もし英米側がこれに応じれば「結局英兵力量は必ず増大を見る」結果となり、「従て米の増大を見る」。これでは「英米共に国内的に批難の的となるべく」としていた。もちろん、日本はこうしたフランスに頼って「我兵力量の要求を貫徹せんとするが如き他力主義」をとるべきではなく、ただし「日本は仏の態度の定まる迄《まで》動かず」、「英米が日本の七割を受諾したり」ときに「最后案を考慮」すればよいと結論づけていた。(8)

確かに会議は、二月二十六日以降、議長ラムゼイ・マクドナルド（英首相）の提議によって、海洋組（英米日）と欧州組（英仏伊）に分けて進められるようになっており、日本側はこれを「五ヵ国協定ができない場合でも三ヵ国協定だけは是非成立させたい」という意図に基づく「英米共同で日本の譲歩を求めて来る」行動と見ていた。(9) したがって、山本の意見は、こうした英米の日仏「各個撃破」を狙った動きに対する対抗策、すなわち、会議を再び英米日仏伊五ヵ国全体のもので捉え直すべきとした意見具申であったと見ることができよう。

また、山本は若槻に対して、妥協案を受け入れた場合の弊害として、「信を内外に失す」こと、「日本の主張に無理があったことを自供することゝなる」こと、そして「将来の交渉に永久に悪影響あり」と訴え、得るところは「英米の国論を一時的にやゝ緩和す」るに過ぎないとしていた。(10)

一方、山本は海軍身内の財部全権にもその「固き御決心」を求めてその所信を質していたが、財部からは確たる返事を得られないままであった。(11) 結局、財部はロンドンの海軍全権団の随員らを説得することもできないままに、四全権連名という形で日米妥協案に基づく請訓発出に同意したのである。

ロンドンからの請訓の発信

会議開催から二ヵ月近く、ロンドンで日本と英米との交渉が行き詰まりを見せていくなかで、東京の海軍中央部においても、この海軍の三大要求をめぐる問題である対応の変化が生じ始めていた。当初、会議開催翌日の一月二十二日には、海軍省副官の古賀峯一が加藤軍令部長のもとを訪れ、「軍令部の強硬を頼み来る」(12)というように、海軍の要求貫徹には海軍省・軍令部の一体感が見てとれた。しかし、ロンドンで交渉が停滞を見せていく二月初めから三月にかけて、亀裂が生じるようになるのである。

加藤はその日記で、「倫敦二月五日付『スチムソン』新提案を為し、日本之七〇%を一蹴し六〇%に踏み付く。輿論《よろん》激昂《げきこう》」(二月五日)と記し、それに対して八日には「末次来訪、左近司へ急電を報ず。決心を示せる也」とロンドンに在る海軍首席随員の左近司に「軍令部之決心」、すなわち要求貫徹を伝えていた。(13)しかし、三月四日になると「斎藤〔実《まこと》〕子爵と石井〔菊次郎〕子を官邸に招く。山梨の細工にて斎藤子軍縮七〇%無用論を吐き、衆を失望せしむ」と、海軍省側(山梨次官)が海軍の長老である斎藤実(海兵六期、朝鮮総督)を引っ張り出し、対米七割要求の切り崩しを計りつつあると不信感を顕わに記していた。海軍省と軍令部との間には、明らかな「溝」が生じ始めていた。(14)

こうしたなかで、ロンドンにおいて成立した日米間の妥協案を基礎とした請訓電が、四全権連名（若槻、財部、松平、永井）の形で、三月十五日午前、東京に送られてきた。しかもこれは、若槻によれば、アメリカとの交渉で「これ以上日本を有利にする見込みは立たない」という「最後の請訓」とされていた(15)。

この請訓到来は、東京の海軍中央部に大きな衝撃を与えた。ロンドンで進められていた日米間の妥協案についての情報は全く入ってきておらず、それは海軍省・軍令部ともに同様であった。すなわち、この請訓は海軍中央にとって「寝耳に水」だったのである。しかもこの妥協案の内容は、「八吋大巡六〇%、SS（潜水艦）五万二千屯也」というもので、これは三大原則のなかの「①補助艦総括対米七割」については対米六割九分五厘と、要求をほぼ満たしていたが、とくに重視した「②一万トン巡洋艦対米七割」については完全にアメリカ側の要求に屈し（対米六割）、「③潜水艦七万八千五百屯」についてはそれが三分の二に削られるという、海軍にとって大幅な後退案であった。加藤はこれに対し「午前首脳会議を部長室に開きしに、山梨逃げ廻る」と次官にその怒りを向け、また「外務より海軍譲歩の宣伝突如新聞に現はる」と外務省の態度にも憤慨していた(16)。

ところで、実はこのロンドンからの請訓電を追う形で、次席随員である山本から、東京の軍務局長の堀悌吉に宛てた次のような極秘親展電が送られていた。このなかで山本は、請訓電の基礎となった日米妥協案について、次のように記していた。

「昨今英紙上に日英米三国間に諒解略《ほぼ》成れる旨を報じ、十五日タイムス紙には略米案に近き数迄掲

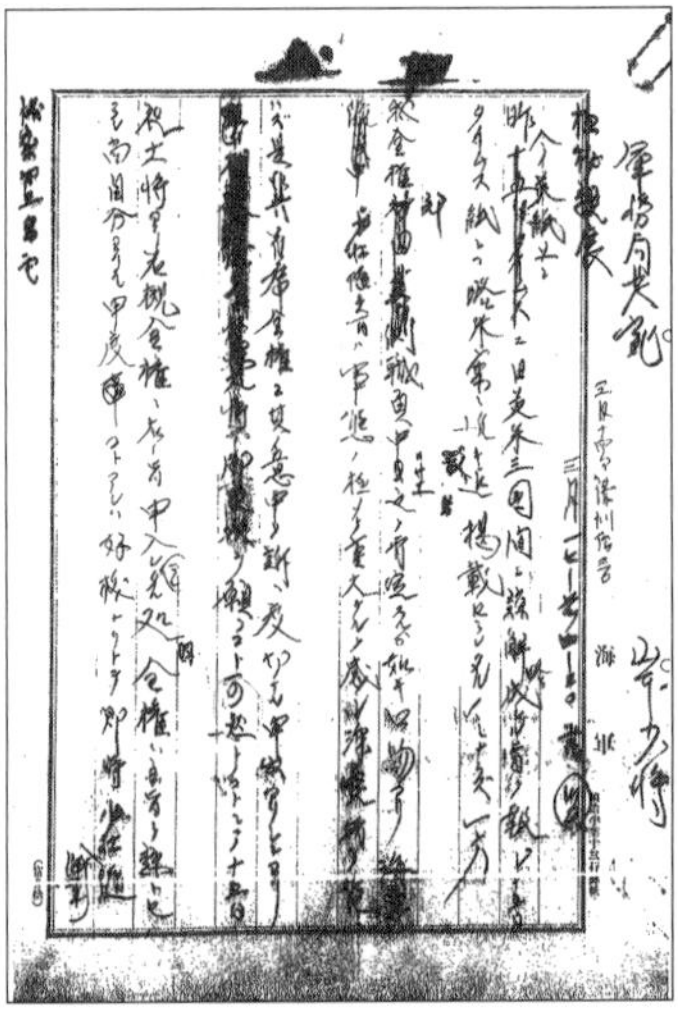

「極秘親展三月一七―前四―三〇発」
（防衛研究所戦史研究センター蔵）

載せられたるのみならず、一方我全権部職員中にさえ之を肯定するが如き口吻《こうふん》あり」「海軍少壮随員一同は事態の極めて重大なるを感じ、深憂措く能はず」。「是非共首席全権に其の意中」を訴え出ることとなり、相談の結果、安保大将の取り次ぎを願って、「十五日夜、大将より若槻全権に右の旨申入れられたる処」、「同全権は主旨を諒とせられ、尚自分よりも申度ことあれば好機なりとて、即時少壮海軍随員の来集を希望せられた」ので、「安保大将附添ひ、全権室に参集」することになった。ただし、そこでの若槻全権の発言は、「今日迄は最も忠実に海軍部の意見に依り折衝したるも、遂に彼を説服するに至らず一旦デッド・ロック」に陥ったが、「松平大使をして英米と自由会談を行はしめ」、あらゆる手段を尽し「漸く現在の米提案迄に漕ぎ着け得たり」「而《しか》して米提案は総括的兵力に於ても八吋巡洋艦に於ても」、ほぼ我方の所期の目標に達し、「潜水艦に於ては数量は多少我主張と差あるも「パリチー」を得たる」というものであった。この会見により「自己の憂慮が単なる杞《き》憂《ゆう》に非ざることを確めたる少壮随員は、此の際財部全権の固き御決心極めて必要なりと感じ、十六日夜前日と同様の手続に依り安保大将、左近司中将附添ひ全権室に来集し、財部全権に各自専門的

加藤寛治

見地より忌憚《きたん》なき所信を進言」し、さらに「米案に落着くに至りたる場合に対する所信」を財部大臣（全権）に伺ったが、「単に国防上のみならず閣僚の一人として内政其の他諸般の事情をも考慮する」必要があるとして、大臣の確言を得ることができなかった。そこで、「状況右の如くなるを以て、少壮随員は事態が想像以上に危急にして此の際内地より強硬なる決意を示せる回訓を得るに非れば、到底此の危機を救済する能はざるを痛感し、一同憂慮の余り」、この状況を中央に伝えてもらいたいとしてこの申し出に及んだ、と山本は結んでいた。つまり、山本は、全権らが発信した請訓電の内容（日米妥協案）に対しての強い不満を、ロンドンの少壮海軍随員を代表して堀に訴え出ていたのである。[17]

もちろん、東京にはこうした山本ら海軍随員たちの意思を十二分に汲むリーダーが存在した。海軍軍令部長の加藤寛治である。加藤の存在は、若槻首席全権の「最後の請訓」に沿って軍縮条約締結を図りたいと動く政府側からすれば、きわめて大きな「障害」となる可能性があった。そうした政府と海軍（軍令部）の関係のなかで、仲介者的な立場で加藤に当たることになったのが、軍事参議官で前海軍大臣の岡《おか》田《だ》啓介《けいすけ》（海兵一五期）であった。福井生まれの岡田は、同じく福井の生まれの加藤にとって、単に海軍の先輩というだけではなく同郷の先輩でもあり、加藤に直言できる関係があった。そして、岡田はこのロンドン会議開催にあたっては、当初から広く政界方面とも接触し、また早い段階で日米妥協案受け入れやむなしとの判断を下すなど、軍縮への対応には加藤寛治より加藤友三郎に近い柔軟性があった。[18] ロンドン会議までの岡田の主要な経歴は、一九二三〜二四年に海軍次官、二四〜二六年連合艦隊司令長官で、この後任者が加藤であった。また、二七〜二九年に海軍大臣を務め、その前・後任者がともに同期の財部、すなわちロンドン会議の全権であった。その後、岡田は軍事参議官という立場でロンドン会議を迎えているが、この比較的自由な立場と海軍の主要ポスト経験者ということが、海軍内での彼の影響力行使を支えていた。

請訓に対する海軍中央部の葛藤

若槻全権からの請訓が東京に到着した三月十五日、神奈川県平塚にいた岡田は午後六時に海軍省からの電話で、さらに午後八時には次官からの電報で帰京を求められた。山梨次官は、この夕刻、浜口首相（海相事務管理）より海軍部内の意見をまとめるよう命ぜられ、[19] その際この請訓が「最後の請訓」であるとする若槻全権の意図も伝えられていた。岡田は、翌十六日午前帰京し、午後四時には、まず加藤の訪問を受けていた。その際、加藤は岡田に「最後は、あるいは請訓の如き所となるやも知れざれども、八吋巡洋艦及び潜水艦は譲り難し、なお一押しせざるべからず」と告げ、とくに潜水艦の保有量については、飛行機で不足分を補うとしても六万トンが必要であるとしていた。[20]
十七日午前には、今度は山梨次官が岡田のもとを訪れて「請訓の内容及び艦政本部並に軍令部内の模様を話し、最後を如何にすべきやの相談」を持ちかけていた。これに対し、岡田は「止むを得ざる場合、最後にはこのまま丸呑みにするより致し方なし」としつつ、ただし「なお一押しも二押しもすべし、またこの際海軍大臣の意見は那辺にあるや電報にて問合せを要す」と山梨に注意も促した。前日の加藤の「なお一押し」を「なお一押しも二押しも」と強調しながら、ここで岡田は軍縮成立を支持する姿勢を明確にしたのである。[21]

岡田が山梨に求めたロンドンの財部大臣（全権）への意見照会は、しかしながら、幣原外相の反対するところとなっていた。幣原は、ロンドンの四全権の間で請訓内容に関して難色を示している者があり、それが財部であることを知っていたのである。

岡田啓介

山梨は二十日午前に再び岡田のもとを訪れ、「大臣の意志問合せに外務大臣難色あり、軍令部長の硬論と外務大臣の意見との間に相当の距離あり」として、岡田に幣原と直接会うことを求め、その日の午後に極秘で両者の会合の場を海軍省内に設定した。ここで幣原は、請訓書を示して四全権署名のものであることを力説し、「若槻よりこの上の尽力は出来難き旨申し来れり、政府としてこれを更に押すことは困難なり」とした。

これに対し岡田は、「八吋巡洋艦は対米七割を絶対必要なりとし、また潜水艦は五万二千屯にては配備困難なり」とまず述べた上で、「これを多少緩和する方法を講じ、なお飛行機その他制限外艦艇にて国防の不足を補うこと」ができれば、「最後にはあるいは止むを得ざるべし、決裂は不可なり」との考えを示した。ただし、「現在の軍令部の意見とこの案とは非常に開きあり、あたかも断崖より飛び下りよと言うに等し、断崖より降下し得る途を作らざるべからず」と、海軍側が譲歩する場合の、軍令部の体面に対する配慮を求めていたのである。(22)

一方、岡田を含め、海軍側が情報を得たがっていたロンドンの財部海相の請訓に対する考えは、三月二十五日に左近司から山梨に宛てた電報で知らされることになった。そこで知らされた財部の意見は「米案にては不満足なり、されども全権としては署名せり、新事態の起こるを望む、目下苦慮中」(23)というものであった。こうした「請訓を最後的なものとして認めていない」という大臣としての財部の意見は、海軍中央部においても重大に受け止められた。二十五日午前に開かれた会合(岡田、加藤、山梨、末次ら参集)では「意見交換の結果、海軍としては今次の米提案を其の儘受諾することは不可能なり」とする結論に達し、山梨はこの海軍の結論を首相に伝えた。しかし、それに対して浜口は「政府としては会議決裂の危険を冒す能はざる決心」を明らかにした上で「これは自分が政権を失ふとも、民政党を失ふとも、又自分の身命を失ふとも奪ふべからざる堅き決心なり」と、その強い決意を山梨に伝えた。(24)

翌二十六日も海軍内での協議は続けられた。この日の会合では「米国案を応諾する能はず」に始まる五項目にわたる「海軍今後の方針」が検討され、それでも「海軍の方針が政府の容《い》るる所とならざる場合と雖《いえど》も（中略）政府方針の範囲内に於て最善を尽すべき」とされ、ただし「専門事項に関し、米国提案中我に最も不利なる点及変改を要すべき点等に於て（中略）次官より申上ぐる」ことになった。[25] なお、この協議の際、岡田は山梨から「今や海軍は重大なる時機に会せり、この際海軍の高官が総理に意見を申し出されざるはいかがのものにや」と浜口総理に会うことを依頼され、これに対し岡田は「加藤と同行し得れば遇《あ》っても宜し」と答え、翌二十七日午後三時の総理と岡田、加藤の会見が設定されることになったのである。[26]

この浜口総理との会見（三月二十七日）について、加藤は「浜口首相と午後三時総理官邸に会見、岡田大将同行、大に反対意見を述ぶ。岡田も重大なる結果を警告せり」と、岡田ともども浜口に対し強い反対意見を述べた、とその日記に記している。[27]

浜口雄幸

一方、岡田はその日記で、この総理との会見について「加藤より海軍の三大原則につき詳説」し、自分からは「海軍大臣の意志明らかなりたる以上これを尊重せられたく、しからざるにおいては事態甚だ重大となるべき」と申し述べたのに対し、浜口からは「回訓も永引き二週間を超えたり、もはや何とかせざるべからず、海軍の事情につき詳細聞きたれば、この上は言分において何とか決定すべし」と返され、「四時加藤と共に辞去」してこの会見が終わったとしている。

なお、この会見の際に、加藤は浜口に「閣議の席に軍令部長を出席せしめられたし」と求め、これに対し浜口から「右は先例なし、お断りす、ただし君は閣僚とは皆親密なれば、各自に君の意見を申さるは勝手なり」とかなり辛辣《しんらつ》な言葉を返されていた。そうした浜口の決然とした態度に圧倒されたのであろうか、加藤は会談後に「結局飛行機に重点をおけば国防は持てる。ただ軍令部・艦政本部に、潜水艦につき問題あり。軍は配置、艦は技術、これには致し方あり」[28]と腹を決めたようであった。

ところで、浜口はこの岡田と加藤との会見の直前に、天皇に単独拝謁し、「軍縮問題今日までの経過の大要と併せて帝国の関する限り速に協定の成立する様十分努力すべき旨言上し、優渥《ゆうあく》なる御詞を拝し、恐懼《きょうく》感激して御前を退下」してきており、「回訓に対する自分の信念愈々《いよいよ》固し」としていた。[29]そして、岡田、加藤との会見の後、浜口は山梨の来訪も受けていたが、そこでもその強い決意を山梨に告げていた。ただし、その際、山梨は浜口に対し、「海軍の意見は回訓案の決定の会議の席上に於て海軍次官より充分に陳述する機会」[30]が与えられるよう求め、その了解を取り付けることを忘れていなかった。

そしてついに、請訓(日米妥協案)に基づいた回訓案が、四月一日午前、総理官邸において浜口より岡田、加藤、山梨に示されることになった。海軍側はこれをいったん省内に持ち帰り、潜水艦保有に関する一部の修正などを加えたものの、[31]ほぼ原案通りで回訓案は午後の閣議で決定された。
ところで、その前日の夕刻に岡田は加藤を軍令部長室に訪ね、「明朝浜口は回訓案を説明する趣なり、その際君はこの案を閣議に付せらるれば止むを得ず、ただし海軍は三大原則を捨てるものにあらざるも、閣議にて決定すればそれに対し善処すべし」との発言ができないかと加藤に打診していた。これに対し加藤が「それにては米案を承認したようになるからな」と言ったので、岡田は「しからばその意味のことを予より言うべし、君はだまって居ってくれぬか」と言い、加藤は「そうしよう」と答えていた。[32]
ところが、翌日午前、浜口首相が回訓案を海軍側に説明した後、岡田が上述の旨を答えると、黙っているはずの加藤が「請訓案には、用兵作戦上からは同意することができませぬ、用兵作戦上からは」[33]と発言した。これが、後日、「政府による統帥権の干犯《かんぱん》」の根拠として取り沙汰される加藤の「反対」表明であった。すなわち、軍令部長の明確な反対にもかかわらず、政府は統帥事項に関わる回訓案を決定した、とされるのである。そして、確かに加藤はその日の日記に、「軍令部は国防用兵の責任者として米提案を骨子とする数字は計画上同意し難き旨明言す。予より先に岡田は第一に答えたり。書物にて。故に予の反対は留《とどめ》を刺す。岡田は海軍の態度に付一貫の旨を告ぐ」と、海軍が一致して反対を貫き通したようにも記していたのである。[34]
しかし、少なくともこのとき海軍が一致していた点は、「反対を貫き通す」ことではなく、不満は大きいが「その回訓案決定の際に海軍の意見を付ける」ことであった。その意見とは「条約締結によって生ずる軍備の欠陥を補充する」というもので、(35) 山梨次官が回訓案決定の閣議において意見陳述することになっており、その内容は海軍省・軍令部の協議の上、閣議前日までに総理、外務、そして大蔵大臣の同意も得ていた。日米妥協案への海軍内の反対論の急先鋒であり、加藤を背後で操っていたとも評される末次次長ですら、(36) この陳述内容を山梨次官から見せられた際、「政府があれを承諾することならば、予《かね》てより考へて居る軍令部組織を始め演習、出師準備等に亘る諸懸案が実現出来ることになる、ほんとに有難い(37)」と語ったほど、海軍強硬派の要求も十分満たすものだったのである。

ロンドンでの最後の戦い

日本政府による回訓は、ロンドン時間の四月一日夕刻に全権団に達し、翌二日午後、若槻全権はセント・ジェームズ宮殿の首席全権会議において、日米妥協案を条約案の基礎とすることを受け入れると表明した。そして、三週間後の四月二十二日、同じくセント・ジェームズ宮殿において、日米英三国間に一九三〇年ロンドン海軍(軍縮)条約が調印された。しかし、実はその調印までの間、日本の全権団内部では、山本など海軍随員たちによる、日米妥協案を基礎とする条約成立への最後の抵抗が試みられていた。

若槻全権が首席全権会議で日米妥協案の承諾を言明した四月二日、それを前にして山本は財部全

権に対し、「山本以下随員多数の意見と思考する所に従ひ、敢て一言を呈す」として、以下の内容を口頭で進言していた。(38)

一、回訓の内容は、大臣の御所見並《ならび》吾人の卑見に比し、相距《へだた》ること頗《すこぶ》る遠し。
二、大臣の此際執らるべき態度は、左の三様を出でず。
(一)回訓を英米に交付するに先《さき》だち、今一応意見を政府に致さるるか。
(二)回訓を広義に解釈して大臣の所信を断行することを、他の全権に求めらるるか。
(三)任を辞し、直に帰朝《きちょう》さるゝか。
三、何《いず》れにせよ、大臣の出処進退は、公明にして且断固たるを要す。会議の敗戦に臨み、其の最後の名誉を留むる唯一の途は、唯々大臣の進退其の節に合し、「海軍尚未だ我を欺かず」との事実を国民に示すに在り。
四、命令一下、海軍随員は尚奮闘、最終の難局に処するの用意と覚悟とを有す(終)。

本国日本における回訓の発出段階では、すでに海軍内での最強硬派である末次ですら「有難い」との言葉を発するほどに回訓発出への不満は沈静化していたのであるが、そうした国内政治の駆け引きから隔絶されていたロンドンの全権団の海軍随員らにとっては、回訓への不満は高まるばかりであった。山本はそうした海軍随員を代表する形で、海軍大臣である財部に対し、全権としての出

若槻全権の調印（ゲッティイメージズ提供）

処進退にまで言及し、海軍の名誉を守ることを求めていたのである。しかし結局、日本政府の回訓はそのまま「英米に交付」され、財部が「任を辞し直に帰朝」することもなかった。

そうしたなかでも、山本は「大臣の所信を断行する」態度を財部に求めていた。それが四月九日の潜水艦問題に関する口頭進言であった[39]。このなかで山本はまず、これまでの請訓発出から回訓到着までの経緯について以下のようにその憤懣を述べていた。

> 海軍随員一同が戦機漸く到り、全権が巨腕を揮はるべきの日近きにありと期待しつゝありし際、突如として請訓の発電を伝へ聞くや憂心真に措く所を知らず、終に赤心を披瀝して全権に直訴するの事態を生ぜり。而して情勢日に非なるを見るや、海軍大臣は自ら深く決せらるる所あり。所信を政府に致して敢て其の勇断を促がされたり。然るに政府は海軍当局の苦衷《くちゅう》に殆《ほとん》ど聴く所なく、主務大臣の意見をも重視するに至らず、海軍の到底同意し難しとする回訓の発電を敢行せり。

そして、今後の対応については潜水艦の増量を、以下のように強く求めていた。

回訓当地に達し、海軍随員一同其の趣旨を伝達せらるるや、憤懣失望更に其の度を加へ、大臣決意の表現は正に此の秋《とき》に在りと絶叫するに至れり。然れども熟々《つくづく》惟《おもんみ》るに若槻全権に既に闘志なき今日、此の難局に直面して最後の地歩を確守し、以て帝国々防の欠陥を最小に止めんとするに足る者、実に海軍大臣を措て他に之を求むべからず。此の重大任務に対し、渾身の智勇を傾注し至誠を吐露し目的を貫徹せらるることは、大勢を既倒に挽回せんとする最難事項にして、財部大将五十年の永き公生涯中君国に尽さるべき最大の忠節と信ぜしが故に、特に大臣の御自重を懇請し、同僚一同亦互に自制奮励を誓ひ、各々其の最善を尽して今日に至れり。本日愈々《いよいよ》潜水艦問題の三国全権会議に上程せられむとするを聞き、憂慮新に肺肝を衝くと共に、大臣の悲壮なる御覚悟に想到して感慨殊に深く、茲に更めて一同の真情を上達して、閣下の断乎毅然たる御決心を希《ねが》ひ、併せて最後の御健闘を懇願して已まず。
帝国潜水艦保有量の最少限度を六万五千噸《トン》とし、之を最後案として飽迄確守奮闘を要す。（終）

三大要求の一つとして、当初日本海軍が強く求めていた潜水艦の保有量は七万八五〇〇トンであったが、日米妥協案で示された潜水艦の保有量は、五万二七〇〇トンとその三分の二に削られていた。実は、日本海軍が潜水艦の保有量を対米比率ではなく絶対量で求めていた背景には、ワシントン会議で課せられた主力艦対米六割の劣勢を挽回する「秘策」として潜水艦を非常に重視していたからであった。すなわち、ワシントン会議以降の主力艦劣勢下で日本海軍が考えていた対米漸減邀撃作戦（来攻する優勢なアメリカ艦隊を減勢しつつ日本近海で決戦に持ち込む作戦）において、その米主力艦を漸減するには潜水艦の絶対量確保が必須の条件だったのである。そして、山本も最終的にはこの「潜水艦保有量の過少」なことを「帝国の国防上に及ぼす最大の欠陥」と見なしていたのである。(40)

それでも山本は、ここで強硬に七万八五〇〇トンを蒸し返そうとしていたのではなく、中間点の六万五〇〇〇トンにまで引き下げていた。この六万五〇〇〇トンという数字も単なる妥協点というわけではなく、ロンドン会議に先立つ補助艦に関するジュネーヴ海軍軍縮会議（一九二七年）で、少なくとも日英間においては合意されていた仮協定において、潜水艦保有量については日英同量で合意（英の六万トン主張に対し、日は七万トン主張で攻防）していた数字であった。山本は少なくともここで認められた潜水艦六万トン台保有という数字を最低ラインとするべきだとしていた。(41)結局、このジュネーヴ会議は、日本の仲介にもかかわらず英米間の巡洋艦をめぐる対立で条約成立には至らずに終わるが、(42)この数字は日本海軍がロンドンにおいて英米に対して粘りを見せる上で、故なき量ではなかった。しかも、この潜水艦保有量の「増加」に関しては、日本政府が回訓を発する段階でも、東京の海軍中央部が政府の回訓案受け入れの条件として入れた修正において「考慮を払う必要」がある事項とされていた。したがって、山本の主張は、それほど粗放遠大なものでも訓令違反でもなかったのである。

こうした山本ら海軍随員の強い要求を容れてか、財部は九日午後の日英米三国の全権会議で「万一を期して殆んど全力を挙げて潜水艦の保有量増加の為」戦ったが、「他力本願の悲さか風前の灯火と消へて」しまった、とその顛末《てんまつ》を短く自身の日記に記していた。(43) この「他力本願」の「他力」が若槻首席全権を指すのか、あるいはフランスを指すのかどうかは定かでないが、少なくとも財部自身がその進退をかけて最大限の「自力」を発揮して戦った様子は、最初の「万一を期して」という日記の表現からも窺うことができないのであった。

こうしてロンドンにおける日本海軍の三大要求をめぐる戦いは終わりを告げたのである。

失意の帰国

一九三〇年四月二十二日午前、セント・ジェームズ宮殿で条約調印式が開かれ、各国全権の声明の後に一九三〇年ロンドン海軍条約は調印された。その日の夜、日本全権団の宿泊場所であった「グロブナー・ハウス」で、若槻全権はすべての日本全権団員を招待して慰労晩餐会を開いた。その食後の歓談が進むなかで、条約締結に不満の海軍随員たちは、若槻に直接、条約への憤懣を訴え始めた。若槻もそうした海軍随員たちからの不満は覚悟の上で、それらには最後まで応答していたが、「中には激昂し、鼻血を流している者もあり、不穏な空気」が張り詰める状況になっていった。[44]大蔵省からの随員の賀屋興宣は、ついに海軍随員たちと因縁の対決となり「海軍の二人が私の胸ぐらをつかんで責めつける。腕力ではとてもかなわない。三時頃に自室に帰ってみたら、ワイシャツが血だらけになっていた」という、大荒れの慰労会となった。[45]なお、この二人の海軍軍人の一人が、のちにミッドウェー海戦で戦死する、海軍随員だった山口多聞であった。

その翌日の四月二十三日、早くも財部全権は、東京の海軍中央部への状況説明のためロンドンを出発し、シベリア鉄道経由で帰国の途についた（五月十九日東京駅着）。一方、若槻全権以下の他の日本全権団員は、地中海・インド洋経由の「北野丸」での海路帰国となり（六月十七日神戸港着、十八日東京駅着）、海軍次席随員の山本もこの海路組であった。[46]その帰国の途上、山本は「倫敦会議の経過に鑑み所見（四月二十日印度洋上にて）」[47]と題した文書を記している。四月二十日は、条約調印式の前であり、日付が五月二十日の一ヵ月後の間違いであるかと思われるが、[48]いずれにせよここで山本はロンドン会議で痛感した、とくに全権、随員の任命に関わる問題点を次のように列挙していた。

海軍大臣は首席たる場合を除く外、全権委員としては不都合なり。
会議地駐劄《ちゅうさつ》大使をして交渉に当らしむることは不利益なり。〔以下略〕
所謂顧問格随員は不必要にして有害なり。

首席随員に関する事項を全権訓令中に明記することは将来倍々之を必要とす。

首席でなかった海軍大臣全権とは財部のことであり、会議地駐劄大使で交渉に当たったのは日米妥協案を作り上げた松平恒雄であった。また、顧問格随員だったのは安保清種海軍大将であり、首席随員とは左近司政三海軍中将であった。日本海軍は二人の大将と一人の中将という高官をロンドンに送り込んだにもかかわらず、満足のいく結果を得られなかったのである。そして、そのいずれもが、山本、そして海軍少壮随員たちがロンドンの地で煮え湯を飲まされた存在だったのであろう。まさに彼らの苛立ちが伝わってくる山本の「所見」と言えよう。

山本はロンドンを発つに先立って、兄の季八に絵葉書を送っており（四月二十八日）、そのなかで「会議も思ふ様ニならずして終了」[49]と記し、神戸港帰着の六月十七日にも、郷里の後輩・反町栄一《そりまちえいいち》からの帰朝に際する祝電に対し「会議の成績に鑑み汗顔の至」[50]と返信している。また、山本は海路帰国終盤の香港以降は健康を害し、引きこもる状況でもあった。[51]ロンドンでの心労が祟ったということもあろうが、「敗戦」帰国に気分が沈んでいったということでもあったろう。[52]

帰国後の山本は、病気と称して一切の面会を絶ち、一部では海軍を辞めるのではないかという「うわさ」も流れる有様であったという。[53]山本が軍務に完全に復帰するのは、帰国後約半年経っての海軍航空本部技術部長への任命（一九三〇年十二月）を待たねばならなかったのである。

(1)麻田貞雄『両大戦間の日米関係――海軍と政策決定過程』(東京大学出版会、一九九三年)一六〇頁。
(2)若槻礼次郎『古風庵回顧録』(読売新聞社、一九五〇年)三三三~三三六頁。
(3)佐藤信太郎編『父、佐藤市郎が書き遺した軍縮会議秘録』(文芸社、二〇〇一年)一三八~一三九頁。
(4)同右、一三〇頁。
(5)同右、一三一~一三二頁。
(6)若槻『古風庵回顧録』三三九頁。
(7)賀屋興宣「私乃履歴書」(防衛研究所戦史研究センター所蔵)二一~二二頁。なお、こうした賀屋と海軍随員の衝突は、ロンドンにおいても続いていた。佐藤『父、佐藤市郎が書き遺した軍縮会議秘録』一八二頁。
(8)「会議対策私見　三月十日若槻全権に進言」(「昭和四~五年　ロンドン海軍条約拾遺　海軍省軍務局長堀悌吉」防衛研究所戦史研究センター所蔵)。なお、資料の直接引用においては、読みやすさに鑑み、漢字は常用漢字とし、仮名は「カタカナ」を「ひらがな」に改め、適宜句読点を入れるなどしている(以下、同様)。全文は資料編を参照。
(9)関静雄『ロンドン海軍条約成立史――昭和動乱の序曲』(ミネルヴァ書房、二〇〇七年)一五一頁。
(10)「会議対策私見　三月十日　若槻全権に進言」。
(11)「軍務局長宛　極秘親展三月一七―前四―三〇発」(「昭和四~五年　ロンドン海軍条約拾遺　海軍省軍務局長堀悌吉」)。
(12)『続・現代史資料5　海軍』(みすず書房、一九九四年)九〇頁。全権としてロンドンに在る財部海相の留守を預かる海軍省の布陣は、山梨次官、堀軍務局長、そして副官の古賀で、海軍大臣事務管理は浜口首相であった。

この海軍省内の山梨、堀、そして古賀のラインは、基本的にこのロンドン海軍条約締結問題を通して結束していたと考えられる。
(13)『続・現代史資料5 海軍』九一頁。
(14)同右、九二頁。なお、一月二十二日の加藤の日記には、実はあとから書き加えられたと思われる「古賀之豹変後日に照らせ」という記述があり、これはこうした徐々に妥協へ向かう海軍省側への加藤の不満を強く表している追記と考えられる。
(15)堀悌吉「請訓より回訓までの期間身近雑録」(大分県立先哲史料館編『大分県先哲叢書 堀悌吉資料集 第一巻』二〇〇六年)一二〇頁。若槻『古風庵回顧録』三五六~三五七頁。
(16)『続・現代史資料5 海軍』九二頁。
(17)「軍務局長宛 極秘親展三月一七―前四―三〇発」。
(18)池田清「『ロンドン軍縮問題日記』解説――ロンドン海軍条約と統帥権問題を中心にして」(岡田啓介『岡田啓介回顧録』中公文庫、二〇一五年)四〇〇~四〇一頁。
(19)池井優・波多野勝・黒沢文貴編『濱口雄幸 日記・随感録』(みすず書房、一九九一年)四四三頁。
(20)岡田『岡田啓介回顧録』二六七頁。
(21)同右、二六七頁。
(22)同右、二六八頁。
(23)同右、二七一頁。
(24)堀「請訓より回訓までの期間身近雑録」一二二頁。
(25)同右、一二二~一二四頁。
(26)岡田『岡田啓介回顧録』二七二頁。

(27)『続・現代史資料5　海軍』九三頁。

(28)岡田『岡田啓介回顧録』二七三〜二七四頁。

(29)『濱口雄幸　日記・随感録』四四四〜四四五頁。

(30)堀「請訓より回訓までの期間身近雑録」一二四頁。

(31)堀悌吉「回訓発送事情」『大分県先哲叢書　堀悌吉資料集　第一巻』一一四〜一一五頁。

(32)岡田『岡田啓介回顧録』二七六頁。

(33)『濱口雄幸　日記・随感録』四四六頁。

(34)『続・現代史資料5　海軍』九四頁。

(35)堀「回訓発送事情」一一三頁。

(36)池田「『ロンドン軍縮問題日記』解説」四一二頁。

(37)堀「請訓より回訓までの期間身近雑録」一二五頁。

(38)「四月二日口頭進言（対財部全権）」（「昭和四〜五年　ロンドン海軍条約拾遺　海軍省軍務局長堀悌吉」）。

(39)「昭和五年四月九日海軍大臣に口頭進言の要旨」（「昭和四〜五年　ロンドン海軍条約拾遺　海軍省軍務局長堀悌吉」）。なお、本文書の但し書きとして、この進言に際して「本件安保大将、左近司中将に事前内談し、其の同意を得たり」と冒頭に記されている。

(40)「昭和五年四月　請訓に至りし事情及爾後の経過に関する報告　中村海軍軍令部参謀」（「昭和四〜五年　ロンドン海軍条約拾遺　海軍省軍務局長堀悌吉」）。

(41)同右、および「会議対策私見　三月十日　若槻全権に進言」。

(42)倉松中「戦間期の日英関係と海軍軍縮――一九二一―一九三六年」（平間洋一、イアン・ガウ、波多野澄雄編『日英交流史3　軍事』東京大学出版会、二〇〇一年）一四六〜一四九頁。

（43）「財部彪日記」（国立国会図書館憲政資料室所蔵）昭和五年四月九日の記。
（44）若槻『古風庵回顧録』三五九頁。
（45）賀屋「私乃履歴書」二四頁。
（46）阿川弘之『軍艦長門の生涯』上巻（新潮文庫、一九八二年）三八一頁。
（47）「倫敦会議の経過に鑑み所見（四月二十日印度洋上にて）」（「昭和四～五年　ロンドン海軍条約拾遺　海軍省軍務局長堀悌吉」）。
（48）几帳面であった山本としては意外な間違いであるが、山本は四月二十八日にロンドンより兄の高野季八に「五月二日、北野丸にて、六月十七日神戸着の予定」と書き送っていることから、「四月二十日印度洋上にて」の日付は間違いと思われる。
（49）『山本五十六の書簡（長岡市史双書№45）』（長岡市、二〇〇六年）一〇七頁。
（50）反町栄一『人間　山本五十六――元帥の生涯』（光和堂、一九六四年新版）三〇五頁。
（51）目黒眞澄『元帥　山本五十六』（みたみ出版、一九四四年）一三六頁。
（52）阿川『軍艦長門の生涯』上巻、三八一～三八二頁。
（53）野村實『山本五十六再考』（中公文庫、一九九六年）一八九頁。

第四章　航空主兵論の展開

「艦隊派」から「航空派」へ

一九三〇（昭和五）年のロンドン会議は、日本海軍が重視した潜水艦の保有量が大幅に削減（三分の二）され、同じく重視した補助艦中最大の一万トン級巡洋艦も、ワシントン会議における主力艦制限に続いて対米六割になるなど、日本海軍の要求を大きく下回る結果に終わった。これに対して、海軍部内では早くもそのロンドン海軍条約批准に際して、一九三〇年七月の段階で「永く本条約に依り拘束されることは不利であり、条約期間（一九三六年末）の終結とともに海軍の最善とする方針で軍備を進める」[1]旨の見解が示されていた。海軍は、この時点で将来の軍縮からの脱退をも念頭に置いていたのである。また、その期限までの条約期間内における軍備の対応策についても、当然これを考え、直ちに取り組むこととしていた。それは、一方では条約で認められた保有量の上限までの艦艇建造を速やかに実行に移し、他方では条約の制限を受けない航空軍備を拡充していくというもので、それを定めたのが「第一次補充計画（以下、①計画）」と呼ばれるものであった。こうして、海軍は「水上兵力の不足を補う一策」[2]として、いよいよ本格的な航空軍備の整備充実に向かうことになっていた。

一九三〇年十月初旬、財部彪から海軍大臣を引き継いだ安保清種は、浜口雄幸総理に対して、「海軍主要兵力整備及内容充実に関する件」を請議した。そして、その冒頭では、海軍がこうした要求を行うに至った経緯について、以下のように述べていた。

倫敦海軍条約は諸種の関係に依り、我が主張の全部を容認せしむるに至らず、為に既定国防方針に基く海軍作戦計画の維持遂行上兵力の欠陥を生ぜんとするに至り。（中略）海軍部内に於ても多大の紛糾《ふんきゅう》を来し、勢の趨《おもむ》く所、逆睹《ぎゃくと》し難きものあるに至りたるも、今日事態一段落を告ぐるの観を呈するは、一に海軍軍備の整備に関する政府の誠意に信頼せる結果に外ならずと存じ候[3]

海軍がロンドン海軍条約受け入れの際に条件としていた「条約締結によって生ずる軍備の欠陥を補充する」ことを、ここであらためて総理に求めたのである。そして、このロンドン会議でとくに紛糾の種となった潜水艦と一万トン級（八吋砲）巡洋艦の制限問題に対しては、此の情勢に対し、我国に於ても亦速に適当なる海軍兵力充実計画を樹立し、之を実施するに非ずんば、彼我兵力の懸隔益々増大し、事毎に其の威圧を蒙り、あらゆる方面に於て、我正当なる主張をも貫徹し得ざるの禍根を熟成せんことを恐るる次第に候。即我国に於ては、業《すで》に已に条約兵力量それ自体用兵上不足あるものなるを以て、先ず右兵力量全幅の利用を図るを要するは勿論、潜水艦及二十糎《センチ》〔八吋〕砲巡洋艦の不足に基因する兵力の補塡を行い、更に当面の情勢に即して航空兵力を増勢し、国防上の要求に応ぜしめざるべからずと存じ候。(4)

として、とくに対米劣勢比率の補塡としての航空軍備増勢の考えを示していたのである。

ところで、六月十七日にロンドンから神戸に帰着（東京入りは十八日）した山本五十六を待っていたのは、ロンドン海軍条約締結をめぐる海軍中央部の混乱状況であった。このときすでにシベリア鉄道経由で先に帰国（五月十九日）していた財部海相は、ロンドン海軍条約締結に対する海軍内の不満の矢面に立たされ、「政府が海軍軍令部長の同意を得ずにロンドン海軍条約を締結した」という、いわゆる「統帥権干犯問題」が政争化していた。そうしたなかで、条約締結への反発を再燃させた加藤寛治軍令部長は、六月十日に昭和天皇に直接「骸骨を乞う」という異例の辞職上奏を起こして更迭（十一日）されていた。また、最終的に海軍内の条約締結受け入れに奔走した海軍次官の山梨勝之進と、それに強く反発して政治的発言すら繰り返していた軍令部次長の末次信正も、喧嘩両成敗的な人事によって十二日に更迭されていた。ただし、末次はその後もこの問題をめぐり海軍の「政治化」で暗躍を続けることになり、一方、山梨も次官更迭の際に挨拶に行った浜口総理に対して、「条約締結で鬼の首でも取った」かのような政府、与党の海軍に対する無神経な言動に警告を発するとともに、海軍が条約締結受け入れに際して求めた「軍備の補充」について、その実行を強く求めていた。(5)

さらに、この次官・次長が更迭となった六月十二日には、財部海相は当時の海軍内で最も「権威」ある最先任者の東郷平八郎元帥（元帥は終身現役）から、ロンドン海軍条約の批准問題に関して東郷自身の条約批准への強い懸念を示されていた。もともと東郷はロンドン海軍条約の基礎となった日米妥協案を海軍が受け入れるか否かの段階でも、加藤・末次による工作もあり、その受け入れに反対の態度を見せていた。そして、この十二日の東郷・財部会談で、財部が昭和天皇から告げられた「ロンドン条約が批准されるように努力せよ」との言葉に言及したことに対し、その「お言葉」の言及自体を問題視して、強い怒りを顕わにしていた。すなわち、東郷は、枢密院の条約批准を経て国内において最終的に定まるロンドン海軍条約の成立に、大きく立ちはだかっていたのである。(6)

山本は、この海軍中央部の混乱状況の前で、非常に複雑な立場にあったと言えよう。もちろん、ロンドンにおいて再三にわたり条約締結の問題点を訴えた財部海相に対しての不信の念は変わっていなかったと思われる。しかも、山本が初陣を飾った日露戦争を勝利に導いた日本海海戦の立役者であり、全海軍が尊敬すべき東郷平八郎が、ロンドン海軍条約に不満の態度を明確にしていたのである。しかしながら、こうした海軍の要求に満たなかったこの条約の締結については、山本も全権団の一員としての責任はあり、山本自身が神戸帰着時に「会議の成績に鑑み汗顔の至」としていた通りなのであった。一方、そうした山本は、ロンドン会議について、条約反対論最右翼の末次に「劣勢比率を押し付けられた帝国海軍としては、優秀なる米国海軍と戦う時、まず空襲をもって敵に痛烈なる一撃を加え(7)」ると進言していたようで、これは、山本自身が以前より考える新たな軍備である航空軍備によって、ロンドン海軍条約で生じた対米劣勢比率という「負の遺産」を挽回しようとする決意表明だったとも考えられる。

ロンドン会議後の海軍部内のこうした混乱状況は、その後一九三〇年代前半を通して、条約締結を受け入れた海軍省系のいわゆる「条約派」と、条約締結に強く反対した軍令部系の「艦隊派」の対立を生み、その結果は後者の影響力を受けた大角岑夫《おおすみみねお》（海兵二四期）海相による前者将官の首切り（予備役編入）として決着したとされる（大角人事）。また、それまで海軍の「伝統」だった海軍省優位の海軍中央部の体制に対して、海軍軍令部がその権限強化（省部互渉規程の改定など）に成功し、結局、「艦隊派」が海軍内で優位を占めるようになっていったとされている。

こうした「条約派」と「艦隊派」の対立については、どこまでそれぞれの派閥にその実態があったかという問題(8)や、その「艦隊派の勝利」という結論について議論の余地は残されているが、あえてこの対立のなかに山本を位置づけるとすれば、少なくともロンドンからの帰国時までの山本は

「艦隊派」として位置づけられるべきであろう。山本はロンドンで日本海軍の要求に満たない軍縮条約の締結に強く反対していた。(9) しかし、帰国後の山本は「条約派」で無二の親友であった同期の堀悌吉軍務局長との関係や、海軍大学校甲種学生のときの教官で信頼を寄せる山梨元次官の影響もあってか、政治化する「艦隊派」とは距離を置き、最終的には海軍大臣間違いなしとされていた逸材・堀を予備役に追いやった大角人事を「海軍の大馬鹿人事」と言い放ち、ロンドンで失った「巡洋艦戦隊の一隊」(マイナス対米一割)と「一人の堀悌吉」と「海軍にとってどっちが大切なのか」との怒りを示すようにまでなっていった。(10) しかしながら、これをもって山本が帰国後に「艦隊派」から「条約派」へと転換したと位置づけるのも、山本のその後のロンドン海軍条約への対応から見て違和感があるというべきであろう。(11)

山本は、先の末次への進言にもある通り、その後一九三〇年代を通して、ロンドンで「押しつけられた」と見る劣勢比率に対して、とくにその対米劣勢を念頭に「米国海軍と戦う時、先ず空襲をもって敵に痛烈な一撃を加え」ることを実現するかの如く、航空軍備の拡充に努めていく。(12) 心情的には「艦隊派」的な条約への不満を抱きつつ、しかしながら「艦隊派」が辿った「政治化」および軍縮否定への動きとは袂《たもと》を分かち、純軍事的な対応策に進んでいったのである。そもそも「艦隊派」のワシントン・ロンドン海軍軍縮への反発がその戦艦(主力艦)主兵論から来る艦艇の劣勢比率への不満であったと見るならば、山本はそうしたそれまでの海軍の戦艦主兵論を脱して、航空主兵論へと転換してロンドン海軍条約の制限に対抗していったと見ることができる。山本は、ロンドン会議を境に、「艦隊派」から「航空派」とでも称すべき新たな道を歩んでいたのである。

ロンドン会議後の航空軍備の強化策

ロンドン海軍条約締結の見返りとして進められることになった海軍軍備の補充は、まず、予算的には臨時費のみで考えるものとされた。実施期間は一九三一年から五年とされ、それにかかる経費は、当初、以下の通りであった。

艦船建造補充計画	四億二二九八万三〇〇〇円
航空兵力充実増勢計画	一億三一五〇万八四五六円
各種内容充実計画	一億七九一四万二一〇一円
以上合計	七億三三六三万三五五七円

「航空兵力充実増勢計画」に関しては、対「艦船建造補充計画」比で見ても三分の一近く、全体の補充計画のなかでも約一八パーセントをつぎ込むことになっていた。また、具体的にここで増勢される航空兵力（航空隊数）は二八隊とされ、これについては一六隊が「倫敦海軍条約兵力量の不足を補塡《ほてん》せんが為の一対策として増勢を要する」もので、残りの一二隊が「米国海軍航空軍備の拡充

並に航空機の進歩発達に鑑み、倫敦海軍条約の有無に関せず要する」と位置づけられていた。この増勢は、それまでの海軍の計画で整備されてきた全海軍航空隊数一七隊を大幅に上回るものであったが、この要求には、とくに以下の説明文が付け加えられていた[13]。

（説明）

米国海軍が航空兵力に意を用い、増勢著《いちじる》しきものあるは周知の事実にして、既定計画一千機案は明後年六月完成せんとす。（中略）翻て我航空兵力に就き考ふるに、既定計画に依る十七隊（教育部隊をも含み合計二七二機）は明年度を以て完成すべき予定なるも、航空教育に充当せらるるもの九隊半にして、常備兵力は僅《わずか》に七隊半（一二〇機）に過ぎず、又海上部隊に於ては赤城、加賀、鳳翔の三艦ありと雖《いえども》、搭載飛行機維持費の予算成立せるものは赤城二／三、加賀一／八、鳳翔〇にして全搭載機数の約一／四に過ぎず、艦載機亦略同様の情況なり

既に全般的に著しき不足あるのみならず、倫敦海軍条約の結果、一部兵力量の不足は航空機及制限外艦艇を以てするの他に補塡の途なき次第なるを以て、其の必要は倍蓰《ばいし》するに至れるものなり

結局、海軍が要求した軍備補充計画（①計画）で最終的に認められたのは、予算の制約上、金額的には約三分の一に過ぎないものとなり、航空隊の増設も一二隊（ほかに二隊の別途策を講じる）に

抑えられた。[14] それでも、航空軍備はそれ以前に比べればその内容充実に一歩踏み出すことになり、航空隊の増設以外にも「航空機設計、試製、実験研究機関の新設」（一九三二年四月に航空廠として設立、一九三九年には海軍航空技術廠に改称）という充実項目が示された。そして、実は、この技術的施策こそが①計画の航空隊増設数では十分に果たせなかった「航空軍備の進歩発達」対策として重要な役割を果たすことになっていくのである。

航空廠は、「海軍航空技術の研究と、その実戦的応用に密接な接触連絡をもたせて総合的発達を企図」し、航空の実戦的研究を主任務とする横須賀航空隊の隣接地に設置された。ここに、その後日米開戦に至るまでの約一〇年間の海軍航空躍進の基盤が整えられたのである。そして、この海軍航空技術研究の総合機関の設立と相俟って、「海軍航空機の進歩発達に重要な基礎を作った」とされるのが、一九三〇年十二月から三年間にわたって航空本部技術部長を務めた山本五十六であった。[15] なお、航空本部は一九二七年四月に開設された組織で、総務部、技術部、そして教育部の三部からなり、海軍における航空行政の大部分を掌《つかさど》っていた。

ロンドン会議の結果、補助艦艇においても劣勢比率となったことへの対抗策として航空軍備の強化が決まったそのときに、山本がその「元締め」である航空本部に着任したことは、まさに「適所」への配置であったと言える。しかし、技術部長となると、兵科で航空畑出身ではない山本の指名は単純に「適材」と言えない側面もあった。それでも、山本の技術部長時代はその後三年間の長きにおよび、結果的にここで海軍航空の近代化の礎が築かれることになったのである。これは、山本の航空軍備への熱意がそうさせたという側面はもちろんであるが、大幅な技術革新のためには、むしろ「しろうと」的な大胆さと、山本が後に評価されることになる「軍政」的手腕が必要とされたということも大きかったのであろう。ただし、山本が技術部長に着任した当時の航空本部長は安《あん》東昌喬《どうまさたか》（海兵二八期）であったが、山本とこの上司との相性は必ずしもよくなかったようで、それでも軍務局長であった堀の人事的バックアップもあって、山本は技術部長の職に留まり続けた。そして、安東の次に航空本部長となった松山茂《まつやましげる》（海兵三〇期）は、山本を「信じて縦横に手腕を振わせ」、また山本も「松山さんを大に徳として居られ、又上官として非常に尊敬されて」[16]海軍航空の発展に力を尽くすことになったのである。

それでは、具体的にこの一九三〇年代前半（昭和五〜九年）の海軍航空の近代化とはどのようなものであったのか。

一九三〇年頃までの日本の航空関連工業は、いまだ欧米の技術を模倣するばかりの段階で、独自の開発能力は全く未発達の状況であった。そうしたなかで、山本は「すべて国産で」、「国産品を使え！　でないと日本の航空は独立もしないし、発達もしない」という徹底した国産品第一主義を採った。そして、一九三二年を初年度とする海軍航空機試作三ヵ年計画が立案・実行に移されていったのである。この試作計画では、新設された航空廠を中心として、三菱、中島、愛知、川西その他の民間飛行機製造会社が動員され、次のような多機種の試作が一挙に開始されていた。[17]

1、昭和七年試作計画（カッコ内は実用化時の略称、以下同様）

七試艦上戦闘機、七試艦上攻撃機、七試三座水上偵察機（九四式水偵）、七試大型陸上攻撃機（九五式陸攻）など

2、昭和八年試作計画

八試艦上爆撃機（九四式艦爆）、八試複座戦闘機、八試中型攻撃機など

3、昭和九年試作計画

九試単座艦上戦闘機（九六式艦戦）、九試艦上攻撃機（九六式艦攻）、九試夜間偵察機（九六式水偵）、九試中型陸上攻撃機（九六式陸攻）など

一覧すれば、ここで進められた試作が、その後太平洋戦争で活躍するほとんどの機種を網羅していることがわかるであろう。この三ヵ年計画では、七試、八試についてはごく一部を除いて実用には至らなかったわけであるが、その技術的な試行段階を経て九試では多くのものが実用化の段階に達している。ここでは、とくに艦上戦闘機と陸上攻撃機の開発について若干の説明を付け加える。

九六式艦上戦闘機となる九試単座艦上戦闘機の試作は、三菱、中島の二社に発注され、そのうち三菱社製のものが制式化された。これは同社の堀越二郎《ほりこしじろう》技師が設計主任となって開発されたもので、堀越はすでに七試艦上戦闘機の段階からその設計を担当し、海軍では初めての低翼単葉機として試作され、失格とはなったものの、試作機での実験資料などはその後の優秀な艦上戦闘機開発の重要

九六式陸上攻撃機（朝日新聞社提供）

な基礎を作ることになった。そして、七試の失敗を経て「日本の航空発祥以来二〇年にしてようやく世界的水準を抜く純国産飛行機が出現した[18]」とされるほどの艦上戦闘機が九試の段階で完成した。さらに堀越は、次の十二試艦上戦闘機として開発される零式艦上戦闘機（零戦）の設計も担当した。このときの海軍の要求性能は「九六戦に比べ飛躍的な進歩を要求するもので、当時の技術水準より見てはなはだ過酷なもの[19]」であったが、堀越らはそれまでの経験の上にこれらの難問を一つひとつ解決していった。この零戦の太平洋戦争を通した活躍を考えると、やはりその出発点としてのこの三ヵ年計画の重要さがわかってくるのである。

一方、陸上攻撃機については、七試大型陸上攻撃機が九五式陸上攻撃機として一応制式化されるが、生産機数はごく少数であり、実用的な意味で生産段階に入るのは九試中型陸上攻撃機として開発された九六式陸上攻撃機（中型陸上攻撃機ということから「中攻」と略称された）からであった。この陸上攻撃機という機種は、日本海軍独特のものと言えるもので、海上を長距離移動し、魚雷もしくは爆弾で艦船を攻撃することを意図していた。この開発は、松山航空本部長が、軍縮下での航空母艦の量的制限、すなわちその搭載する艦上機についても量的制限が課されるなかで、軍縮制限外の「陸上基地から出発して艦隊作戦に協力する有力な飛行機[20]」はできないかという発想から、山本技術部長に研究を命じていたものであった。山本自身もロンドン会議前の「赤城」艦長時代に艦上機の未帰還・遭難という済州島事件（一九二八年四月）を経験し、天候にも影響を受けやすい小型艦上機の性能上の制約からくる運用の難しさを実体験していたから、より大型の陸上攻撃機開発の必要性については十分理解していたと思われる。なお、その当時の日本を含めた各国海軍の常識では、大型飛行機の形式は飛行艇であり、陸上機の形式としての大型機の使用については前例がなかった。ただし、そうした大型陸上機についても、その開発は当時の日本の航空技術水準ではまだまだ難しい段階にあった。それに対し、技術部の計画主任であった和田操《わだみさお》は「設計技術の経験から、飛行艇の形式では飛行機が鈍重となって、直接艦隊作戦に協力する攻撃機にはなり得ないが、陸上機の形式ならばその可能性がある[21]」として、開発についての海軍中央部の同意を取り付け、また、軍令部第二課に勤務していた草鹿龍之介《くさかりゅうのすけ》（海兵四一期）も「南洋群島を利用して飛行基地とし、ここに飛行艇の如き大型機の航空兵力を展開する腹案を持っていたので、飛行艇の代りに陸上機をもってする[22]」ということで、この航空本部案が受け入れられていたのである。

こうして七試として始まった陸上攻撃機開発は、八試での優秀な成果を経て、九試の開発へとつながっていった。その試作一号機は、一九三五年夏に完成したが、速度においては当時の戦闘機に匹敵し、航続距離は二七〇〇浬《カイリ》に達するという驚異的な性能となった。そして、このロンドン会議の挽回策として開発されることになった陸上攻撃機「中攻」こそが、一九三〇年代後半の海軍航空軍備充実の中心的存在となっていくのであった。[23]

帝国代表・山本五十六

一九三四年秋から翌三五年初頭にかけて、山本は再びロンドンの地にあった。今回は、一九三〇年に続く海軍軍縮に関するロンドン会議（第二次、一九三五年開催）を前にした予備交渉での帝国（日本）代表という立場であった。この第二次ロンドン会議では、前回の会議で紛糾した一万トン級巡洋艦の比率問題や延長されていた主力艦建造禁止の問題等をあらためて話し合うことになっていた。

山本は、約三年間の技術部長としての勤務の後、一九三三年十月に第一航空戦隊司令官となり、開発する側から再び航空機を運用する側に立っていた。そこでは、「赤城」艦長時代にも課していたという猛訓練が再び展開されていたのである。すなわち、海軍全体としては、航空機はまだまだ砲戦魚雷戦を行う艦艇の補助兵力としてしか見られていなかったのであるが、山本としては、航空機の海上戦闘における重要性はもはや議論の余地のないところであった。そのためにも一刻も早く空母部隊も斯くある能力にまで引き上げる必要があり、そのための徹底した訓練だったのであろう。そうした訓練のなかで、あるとき開かれた旗艦「赤城」での研究会の席上、山本は航空機搭乗員たちを前に次のような檄《げき》を飛ばしていた。

今、日米開戦となった場合を思うに、戦勝の端緒を何処に求めるか。大砲でも、水雷でもない、茲に搭乗員達が、魚雷なり爆弾なりを抱いて、敵戦艦の檣楼《しょうろう》に体当りを喰わせるよりは遺憾乍ら手はないのだ。然も此の搭乗員達は自分の命一下、直に此の事を敢行して呉れる事と確信する。(24)

第二次ロンドン軍縮会議時のパスポート（山本五十六記念館提供）

こうしてロンドン会議以降、航空軍備の強化・戦力化に躍起になっていた山本に対して、再びロンドンにおける軍縮会議の予備交渉への参加というお鉢が回ってくることになった。この日本代表という指名に対して、山本はこの指名を再三固辞したが、結局引っ張り出されることになっていたのである。

日本海軍は、すでにこの段階でそれまでの海軍軍縮の継続を不可とし、とくにアメリカとの艦艇比率の変更（劣勢比率の解消）を諦め、ワシントン海軍軍縮条約の廃棄も決定していた（十二月二十九日廃棄通告）。そして、この会議で日本側は、「列国共通の兵力最大量の設定」（軍備平等権）という比率主義の廃止や、「主力艦の全廃および航空母艦の廃止または縮小」という攻撃的武器の大縮減などという、それまでにない「桁外れ」な、しかし、軍縮としては十分に「正当性」もある提案を英米に迫ることになっていた。もちろん、海軍もそうした提案を英米が飲むことはほとんどないこと、すなわち、交渉の決裂は避けられないと見ていた。したがって、山本はそうした交渉の「潰し屋」を命ぜられていたにも等しかったのである。ただし、山本はその軍縮実現に向けた役割を正々堂々と果たすことになる。交渉代表として日本を出国する前に山本は、

私は河井継之助《かわいつぐのすけ》先生が小千谷《おぢや》談判におもむかれ、天下の和平を談笑の間に決せられんとした、あの精神をもって今回の使命に従う決心だ。軍縮は世界の平和日本の安全のため、かならず成立させねばならぬ(25)

と、その決意を述べていた。この山本の言葉には、小千谷談判の決裂が郷土長岡の壊滅をもたらしたことを考えればその悲壮感も漂うが、一方で軍縮に関しては、今回はそこにより積極的な意義も見出していたように見て取れる。山本は、のちにワシントン・ロンドンの海軍軍縮について「あれは、向うを制限する条約なんだから、あれでいいんだよ(26)」という発言を漏らすようになっていいっ

たが、確かにこの軍縮体制は双方の海上軍備（艦艇）の保有を抑えはするものの、航空軍備を進める一九三〇年以降の山本にとっては、航空母艦を除き航空軍備（航空機）をとくに制限していない点で、「障害」と言うよりむしろ「追い風」として存在していたとも考えられるのである。

山本代表一行は、九月二十日に「日枝丸」で横浜を出帆し、太平洋を渡り、アメリカ大陸を経由して、十月十六日にロンドンに到着した。滞在ホテルは前回の一九三〇年ロンドン会議時と同様の「グロブナー・ハウス」、また、山本とともに日本代表として交渉に当たるのは、引き続き駐英大使であった松平恒雄であった。しかし、十月二十三日から始まった英米との交渉は、予想通りに現行条約の存続に固執するアメリカとの間で困難を極め、また途中から軍備平等権などの日本側の提案に妥協的態度を示した主催国のイギリスも、成果を出せないままに十二月二十日での交渉の打ち切りを提議してくる事態となっていった。そして、山本自身の心も、この交渉の途中ですでにそれは軍縮離脱後に及んでいった。ロンドンから霞ヶ浦航空隊以来の部下・三和義勇に送っていた手紙（十一月十日付）には、「今次会議ハ遂ニ成功せずとするも、英米を叩頭せしむるの日必しも遠からざるか如く被感候。海軍としてハ何ハともあれ航空の躍進こそ急務中ニ急務なり」[27]と記され、ここには山本のさらなる航空軍備強化に対する意気込みが示されていたのである。結局、この予備交渉は、日英米の意見がかみ合わないままに休会となり、その約一年後に開催された本会議（第二次ロンドン会議）において日本は会議を脱退し（一九三六年一月十五日）、英米との海軍軍縮体制に別れを告げた。ここに日本海軍は一九三七年以降、無条約下での「自由な軍備」に乗り出せることにな

堀悌吉（右）と山本五十六（「長岡の歴史を伝える会」蔵、新潟県立歴史博物館寄託）

ったのである。

ところで、ロンドンでの軍縮予備交渉が行き詰まりを見せていた十二月中旬、東京の海軍中央部の人事で堀悌吉が待命（十日）となり、予備役に編入（十五日）されていた。実は、こうした堀の命運を危惧していた山本は、出国前に同期の軍令部第一部長であった嶋田繁太郎に「軍令部総長宮に言上覚」[28]（九月十一日付）との意見の取り次ぎを頼んでいた。その中で山本は伏見宮博恭王《ふしみのみやひろやす》総長に「兎角倫敦会議より海軍部内に熟成されました陰惨なる空気」は今日においても消滅していないとして、「種々なる悪評」を立てられている堀に直接言及し、それが根拠の乏しいものであるとした上で、「決して級友の私情に依る次第ではなく総長殿下が軍令部に御在職中殿下の御明徳に依りまして」海軍人事が神聖公明に行われることを切望していた。嶋田によれば、これに対し伏見宮は山本の意見に「一々同感なり」とし「人事の公正に就ては深く考えて居る」ので「安心して貰いたし」と答えていたという。しかしながら、実際には、大角人事の締めくくりのような形で、堀の首は切られることになった。ロンドンの山本は、やはり同期で軍務局長であった吉田善吾からこの人事についていち早く知らされ、大きなショックを受けていた。そして、直接堀にロンドンから手紙（十二月九日付）を送り、以下のようにそ

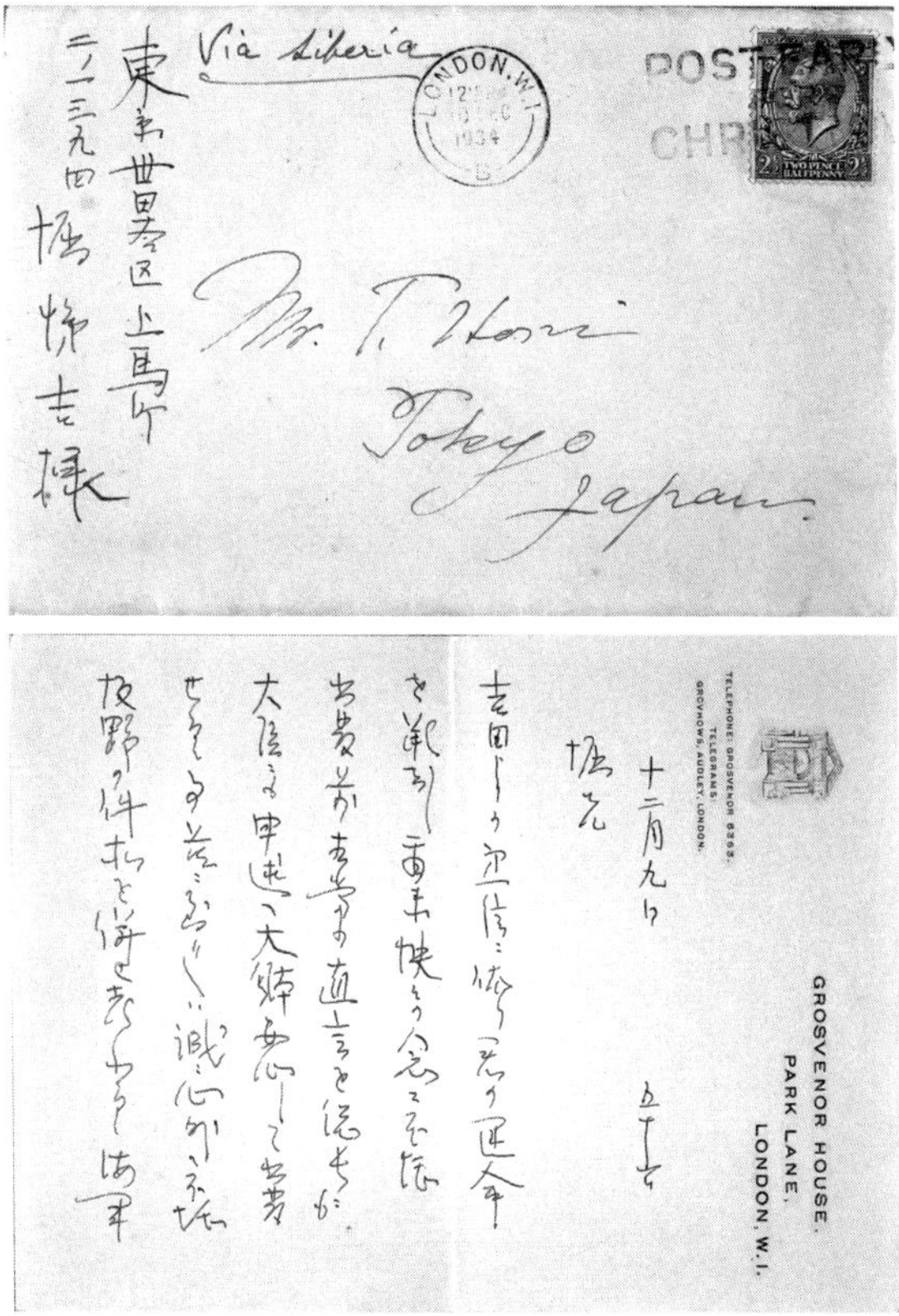

1934年12月９日付堀宛の書簡　封筒（上）と便箋の１枚目
（大分県立先哲史料館提供）

の心情を書き連ねていた。

吉田よりの第一信に依り君の運命を承知し、爾来快々《じらいおうおう》不快の念に不堪《たまらず》
出発前相当の直言を総長にも大臣にも申述べ、大体安心して出発せるに事茲に到りしは、誠に心外に不堪
如此《かくのごとき》人事が行はるる今日の海軍に対し、之が救済の為努力するも到底六《むず》かしと思はる、矢張山梨さんが言はれし如く、海軍自体の慢心に斃《たお》るるの悲境に一旦陥りたる後立直すの外なきにあらざるやを思はしむ
爾来、会商〔ロンドン予備交渉〕に対する張合も抜け身を殺して海軍の為などといふ意気込はなくなってしまった
たゞあまりひどい喧嘩わかれとなっては日本全体に気の毒だと思へばこそ、少しでも体裁よくあとをにごそふと考へて居る位に過ぎない(29)

山本は十二月二十日に予備交渉が休会した後もイギリス側との接触を続けるなど、交渉打開の努力を続けていた。しかしながら、その成果は上がらないままに、一九三五年一月二十八日にロンドンを後にして、帰国の途につくことになった。帰路は、早期の帰国報告のため先行したロンドン会議時の財部全権と同じく、シベリア鉄道経由という経路選択になった。その鉄路での帰国の途上、

山本はベルリンに立ち寄り（一月二十九日）、ドイツ海軍のエーリヒ・レーダー海軍長官との会談の機会を持っていた。そして、実はこの会談と前後して、日本海軍とドイツ海軍の間では、それまでにも存在していた両海軍の技術交流が一段と進捗することになっていた。

この日独海軍間の技術交流には、第一次世界大戦後のヴェルサイユ体制およびワシントン体制下の軍縮によって、ともに英米との関係において海軍軍備の制限を受けた両海軍の「共同戦線」とでも言うべき側面があった。潜水艦技術のドイツから日本への移転で始まったこの交流は、ヴェルサイユで潜水艦の保有を禁じられていたドイツ海軍にとってはその技術を日本との協力で温存し、将来のドイツ「大海軍」復活を果たす手段として、またワシントンで主力艦（戦艦）の制限を受けた日本海軍にとってはその対米劣勢を潜水艦による漸減作戦（アメリカの戦艦を決戦前に潜水艦による攻撃で数を減らす作戦）で補う手段として、ともに大きな意味を持っていた。ワシントン会議において日英同盟廃棄となり、海軍大国イギリスからの最新の技術提供がなくなった日本海軍にとっては、この第一次世界大戦で大きくその海軍技術の優秀性が証明されたドイツとの交流が、戦間期にその重要度を増していったことも事実であった(30)。

こうした日独交流は、一九三〇年代に入って山本が航空軍備の強化に奔走していた時期には航空機分野でも展開していた。ただし、この日独関係は、それまではドイツから日本への一方的な技術移転の度合いが強いものであったが、この一九三〇年代半ばの山本の訪独と前後して展開した交流は、より双方向的な形をとるものになった。そのなかでは、日本側からは空母「赤城」の運用術も含む技術がまさに初の空母建造を望んでいたドイツ側に提供され、一方ドイツ側からは日本海軍航空にとって立ち遅れていた急降下爆撃機の技術提供がなされるという、海軍航空分野での技術交換も含まれていた。いずれも山本にとっては最も「身近な」技術であり、ベルリン訪問時期と考え合わせても、山本とレーダーの会談がこの技術交換の促進剤となったことは間違いないと思われる。

実は、この山本の訪独は、急降下爆撃機の技術を日本海軍に送ったハインケル社の日本での代理人であったフリードリヒ・ハックという人物が、ナチスの外交部長ヨアヒム・フォン・リッペントロップの命を受け、ロンドンから帰国直前の山本を「グロブナー・ハウス」に密かに訪ねて打診していたものであった。そしてその際、ヒトラーとの面会までも山本に持ちかけ、一度はその承諾も得ていたという。結局、このヒトラー・山本会談は日本側の外交当局の反対もあり実現しなかったが、山本とハックの間にはこうした「機微」な案件を話し合える関係があった。ハックは、一九二〇年代から三〇年代にかけてドイツの航空機会社の武器商人として頻繁に来日し、日本海軍の航空関係者と親密な関係を構築しており、その積み重ねの結果が、ハックのロンドン・山本訪問であったと考えられる。山本の航空本部技術部長あるいはそれ以前の海軍航空関係勤務以来の、ある種の「信頼」が山本とハックの間には存在していたのであろう。(31)

二月十二日に帰朝した山本は、その後約一〇ヵ月の間、閑職のままに据え置かれた。ロンドンでの山本は、本来、海軍中央部の思惑通りに予備交渉を「もの別れ」に終わらせたはずであったが、この冷遇人事は、山本が出国前に大臣・総長にまで直言して堀の「首切り」を阻止しようとしたにもかかわらず、その堀を予備役に編入した当時の海軍中央部の雰囲気を物語っていたとも言えよう。一方、山本自身もこのとき海軍に留まる気持ちを再び失いかけたようであったが、それを「貴様が止めたら海軍はどうなる」と言って諫《いさ》めたのが堀であった。[32] こうして海軍に踏み留まった山本は、その年の十二月二日、再び海軍航空の場に、その力を存分に発揮できる航空本部長として返り咲くのであった。

航空主兵論と戦艦「大和」

本部長として二年ぶりに帰った航空本部は、山本の技術部長時代の肝いりの試作三ヵ年計画の成果が出始めていたときであった。三菱が試作した九試艦上戦闘機一号機は、一九三五年一月に完成し、速度においても上昇力においても世界に比類ない驚異的性能を発揮していた。[33] 一方、九試中型陸上攻撃機に関しては一号機がその八月に完成して試験飛行、三号機が十一月に引き渡されるという状況であった。[34] そして、この日本海軍独自の攻撃機である「中攻」は、その翌年の一九三六年に九六式陸上攻撃機として正式採用され、本格的な戦力化が始まることになったのである。

ところが、当時の日本海軍は、この「新」航空軍備に必ずしも頼らなくてよい、新たな状況に入っていた。一九三五年の第二次ロンドン会議からの脱退によって、日本はそれまで軍縮下で制限されていた主力艦（戦艦）をはじめとする艦艇を自由に建造できることになったからである。すなわち、日本の対米艦艇比率の劣勢状態を、航空軍備ではなく、海上軍備（艦艇）そのもので挽回できることが可能になったのである。そして、まさにそれは一九三七年から始まる第三次補充計画（③計画）での「大和」型戦艦の建造として現れていった。

ただし、日本海軍の軍縮脱退の選択は、アメリカ側の量的制限も解除されるということを意味したから、その後本当に対米七割以上の国防に安全感のある海上軍備が確保できるのか、という問題点があった。一九三四年三月、日本海軍内に設けられた軍備に関する研究委員会では、第一次世界大戦時の状況を参考に日米両国の造艦能力について次のような推定が下されていた。平時において日本の年間四万五〇〇〇トンに対してアメリカの八万トン、戦時において日本の一四万トンに対してアメリカの二四万トンである[35]。これは、前者は対米五割六分、後者は五割八分という比率であり、この単純計算からは対米七割はおろか、対米六割さえも実現できないことになる。

しかし日本海軍は、たとえ日本が軍縮体制から脱退したとしても、すぐにアメリカが新たな建艦計画に乗り出すことはないと判断していた。一九三〇年代前半において、日本海軍は条約量ギリギリのラインまで艦艇の戦力アップをはかる①計画（一九三一年〜）や②計画（一九三四年〜）をすでに進めつつあったが、これに対するアメリカの軍縮条約量上限までの建艦計画・ヴィンソンI計画（一九三四年〜）は、先の造艦能力の推定（平時年間八万トン）からして、一九三〇年代の後半においてすでにその能力の上限まで達しており、しかも、その完成が一九四〇年代初頭までかかるものとされていた。日本海軍は、このヴィンソンI計画がある間は、アメリカ側が日本に対し、建艦競争に乗り出すことはないと踏んでいたのである。

このように海軍の軍縮脱退後の見通しは、建艦競争激化の可能性を低く見積もるものであったが、[36]もちろん、建艦競争が起こった場合についての対策も想定されていた。それは、「米国に比し個艦の性能を優秀」にし、「帝国海軍の特長ある兵力」を整備して「実際の戦闘力に於て均等」となるよう艦艇を建造することである。[37]すなわち、軍縮無条約となれば質的制限もなくなるわけだから、「日本は国情に照らして最も活用し易い特徴ある艦艇を建造することができるので、対手が量の競争で来るなら此方は質の競争で行く」[38]という建艦競争への対応策であった。しかも、海軍は無条約下の海軍軍費の方が、軍縮下の海軍軍費よりも、わが国の国情に適した艦艇を効果的に整備できるため、より低く抑えられるという見通しまで表明していたのである。[39]

そして、この「国情に適した特長ある艦艇」こそが「大和」型戦艦であった。これによって「主力艦兵力比較の尺度は根本より変革せられ、対米現有勢力比六割は一躍我が方の絶対優勢」となり、さらに「米国が之に対抗し従来の優勢を獲得する為には、多大の困難を伴ふ」と日本海軍は考えた。[40]なぜなら、アメリカはパナマ運河の通過を条件とするならば、四万五〇〇〇トン級戦艦の建造が限度であり、「大和」型のような大戦艦（六万トン）は建造できない。[41]そして、仮にアメリカがパナマ運河の制限を無視して同様の大戦艦の建造（六万五〇〇〇トンが可能との見積もり）に乗り出しても、アメリカ側がそれまでの優勢な比率まで回復するのは容易ではない、という理由であった。

こうして一九三七年から始まる③計画に、大戦艦二隻の建造費が組み込まれることが、前年七月

戦艦「大和」

に最終決定した。「大和」型は対米比率劣勢挽回の中核兵器として「極秘裡に」建造されることになったのである。

これに対し、航空本部長となっていた山本は「巨艦を造っても不沈はあり得ない。将来の飛行機の攻撃力は非常に威力を増大し、砲戦が行われる前に飛行機の攻撃により撃破せらるから、今後の戦闘には戦艦は無用の長物になる」として、この大戦艦建造を推進する艦政本部と激しい論争を展開した。また、「大和」設計に携わる技術者に対しては「どうも水を差すようですまんですがね、君たちは一生懸命やっているが、いずれ近いうちに失職するぜ。これからは海軍も空軍が大事で大艦巨砲はいらなくなると思う」[42]とも皮肉っていた。

ただし、山本は戦艦の存在を全面的に否定していたわけでもなかった。「戦艦は、なるほど実用的価値は低下してきたが、まだ世界的に戦艦主兵の思想が強く、国際的には海軍力の象徴として大きな影響力がある」ことを認める発言もしていたのである。山本が個人的にも親しく、山本の戦死後に後任の連合艦隊司令長官となった古賀峯一（当時軍令部第二部長）も、このとき「飛行機攻撃といえども、大艦こそ充分防禦を備えることが可能だから敢て意とするに足りない」[43]としていた。ただ、いずれにしても日本海海戦以来の日本海軍の戦艦主兵・大艦巨砲主義はそう簡単に動くことはなく、「大和」型の建造は計画通りスタートしたのである。

そして、この大戦艦の建造には、山本も「関わり」を持っていたドイツとの技術交流が、実は重要な役割を果たしていた。「大和」の新造には、戦艦の建造を禁じた軍縮期間の二〇年という技術的空白を埋める必要があったが、なかでもこの大戦艦建造の成否は「一にその防御計画の成否如何」にかかっていた。四六センチ主砲搭載というそれまでにない大戦艦には、それに見合った分厚い防御甲鉄板の製造が必須であり、それは日本海軍史上例のないものであった。その技術的難関の突破に大きく貢献したのが、一九三〇年代後半に活発となっていたドイツとの技術交流であった。ドイツのクルップ社からの最新の防御甲鉄板サンプルの日本への提供は、「赤城」のドイツへの技術移転とともに、日独間の技術交換の一項目に挙げられていた。また、そうした甲鉄板製造に欠かせない大型工業機械（一万五〇〇〇トンプレス機）もドイツから導入されていた。このときすでにこうした大型工業機械の英米からの購入は不可能となっていた。こうして第一次世界大戦後に始まった日独海軍間の技術交流は、このとき主力艦クラスの建造というレベルまでの高度な技術交換に達していたのである。[44]

一方、この「大和」建造を含む③計画では、航空軍備の拡張にもそれなりの努力は払われていた。完成時の基地（陸上）航空隊は五三隊（八二七機）まで増強されることになっており、大型空母二隻（「翔鶴」「瑞鶴」）の建造も取り込まれていた。[45]また、山本は航空本部長として民間の航空機製作会社を動員して航空機の大量生産体制を構築することにも力を傾けていた。これは莫大《ばくだい》な工業生産力を持つ大国アメリカを見据えた上での「国力の戦い」（総力戦）への対応策でもあった。こうしたなかで、海軍航空本部内では航空主兵論がますます強まっていき(46)、山本が航空本部を去った約半年後の一九三七年七月初めには、当時航空本部の教育部長だった大西瀧治郎《おおにしたきじろう》（海兵四〇期）らによるパンフレット「航空軍備に関する研究」が海軍部内で印刷配布された。そのなかには、航空本部の研究成果として「将来に於ける航空軍備乃至海軍軍備の形態」として以下の三項目が示されていた。

（1）基地大型飛行機より成る強大なる航空兵力を急速整備することは、国防全局より見て極めて緊要なり

（2）近き将来に於て、艦艇を主体とする艦隊（空母等随伴航空兵力を含む）は、基地大型飛行機より成る優勢なる航空兵力の威力圏（半径約千浬）に於ては、制海権保障の権力たることを得ず

（3）帝国海軍の任務たる西太平洋に於ける制海権の維持に関する限りに於ては、強大なる基地航空兵力の整備が絶対条件にして、彼我水上艦船の如きは本海域に関する限り殆んど問題にならず、本思想の下に軍備補充計画を樹立する要あり(47)

そして、こうした「強大精鋭なる大型基地航空機」すなわち「中攻」の整備が成れば、

西太平洋及支那海の帝国領土距岸約一千浬の海域に於ては、如何なる敵国も艦船（空母等随伴航空兵力を含む）を以てする進攻作戦は殆んど不可能にして、右海域に関する限りに於ては、敵潜水艦の脅威は免れ難きも、概ね完全に其の制海権を保有することを得べし。而して其の間敵国対帝国の水上艦船の比率の如きは、右の海域内に関する限り殆んど問題とならざることを注意すべし[48]

として、軍縮時代以来の対米劣勢の問題が完全に解決されることが強調されていたのであった。航空本部を中心とする航空主兵論は、その後もこの「特に大型飛行機（中攻）に重点を置く」ことをさらに明確化[49]しつつ展開していった。そして③計画に続く一九三九年からの④計画においては、「画期的に航空兵力なかんずく基地航空兵力の拡充[50]」が企図されることにもなっていた。具体的には、③計画までの航空隊の総数五三隊に加え、④計画では七五隊（実用航空隊三四・五隊、練習航空隊四〇・五隊）もの増勢、すなわち総数一二八隊（実用航空隊六五隊、練習航空隊六三隊）までに増強が計られるという、まさに航空軍備「倍増」以上の計画だったのである。この内「中攻」について言えば、実用航空隊増勢数の半分以上の、一八・五隊（二九六機）が新たに計画されていた[51]。

しかしながら、この④計画には、引き続き「大和」型戦艦の三、四番艦二隻の建造も組み込まれ

井上成美　1933年6月、軍務局第一課長時代（毎日新聞社提供）

ていた。すなわち、このときの日本海軍の軍備計画は、戦艦主兵と航空主兵の「両論併記」となっていたと言うことができよう。しかも、「大和」型戦艦については、その後の⑤計画以降でもさらに四隻の建造が計画されていた（合計八隻）。こうした「両論併記」的な軍備計画案の継続に対し、強く異議を申し立てていたのが、山本の三代後に航空本部長となった井上成美《いのうえしげよし》（海兵三七期）であった。井上は、一九四一年一月に行われた海軍省部首脳会議で、軍令部作成の⑤計画案の説明が行われた際、「軍令部は米国と戦う場合如何なる作戦をやる計画であるか」を問い、その答えが出ないと「この軍備計画案は再検討の上やり直す必要がある」として会議を未決のままに終わらせた。会議後、軍令部側から「それではどうせよと言うのか」と航空本部長自身の考えを問われた井上は、「海軍を空軍化したらよい」と答え、その数日後に「新軍備計画論」と題する具体案を提出した。[52]

この計画で井上は、総論として「海軍軍備計画は根本的に改定を要す」とした上で、[53]まず「今後艦隊決戦本意の建艦は之を止め新形態の軍備に邁進する要あること勿論なり」とし、日米戦争の形態については西太平洋上の「要地奪取戦は相互的の努力となること勿論なり。即ち日米相互に争う此の領土攻略戦は日米戦争の主作戦にして、此の成敗は帝国国運の分岐する所なりと云ふも過言に非ず。其の重要さは旧時の主力艦隊の決戦に匹敵す」と述べ、戦艦主兵論を時代遅れのものとしていた。そして、こうした戦争において「帝国は西太平洋の制海権を確保することを要すること従来と異らず」としながらも、「制海の前提として西太平洋の制空権を確保すること」が必要であり、「近時基地用飛行機の発達により、海上に活動する航空機の主体は陸上飛行機及飛行艇」となった今日は「制空は制海の前提条件なくして即ち水上艦艇なくとも、単独に航空兵力のみにより之を求め得べく、寧ろ此水上艦艇に独立し関係なく活動する航空兵力による制空権の確保が、却って制海権の前提条件として考ふるの要ある」としていた。そして、結論部分では、

今日の帝国海軍軍備の現状に欠陥を生じたるはあながち軍令部当局の怠慢と云ふに非ず。条約が支配せる一時代の思想の流の自然の結果なりと考ふる次第なるも、中型陸攻及優秀飛行艇其の他航空機の最近の発達を現実に認め乍ら、旧態依然たる軍備計画を考へ現時の軍備の欠陥を看過し、今日現存する海軍軍備の欠陥を更に将来に助長せんとするが如き軍備計画が、今日実行に移らんとしつつあるの危険を警告せんとするものなり

と、従前からの航空本部の航空主兵論すなわち「中攻」の重視を繰り返した。井上の「新軍備計画論」とは、将来の日米戦の様相を具体的に示しつつ、基地航空部隊の重要性をさらに徹底するものだったのである。(54)

しかしながら、⑤計画自体はその後も「大和」型戦艦の建造案を含みつつ検討が継続された。ただし、この計画はむしろ日本の国力という別の側面の問題から目途が立たなくなっていくのである。一方、井上は航空本部長の在任一〇ヵ月あまりで中央を去ることになり、一九四一年の八月に第四艦隊司令長官となって部隊に出ることになった。その井上が、航空本部を去る直前の七月に省部首脳に報告した「海軍航空戦備の現状[55]」には、次のような状況説明があった。

二、戦備充実の現状
十六年度戦時編制兵力に対する、臨戦時所要額充実の状況次の如し。
(一)飛行機(発動機・プロペラを含む)
臨戦時所要額に対し、陸攻、艦戦、水戦、及飛行艇を除き、数量のみは之を充足するも、旧式機多数ある事に注意を要す。

陸攻、其の他不足機の充足率及其完成予想期、次表の如し。

陸攻(中攻)	五二%	一七年　八月
艦戦	九三%	一六年　十月
水戦	〇%	試作中
飛行艇	五七%	一七年　七月

日本海軍の航空部隊が最も重視していた基地航空兵力の「中攻」は、その約五ヵ月後に日米開戦を迎えることになるこの段階でも、非常に低い充足率という状況で、それはようやく五〇パーセントを超える程度でしかなかったのである。

日米建艦競争の再開

もともと一九三〇年代の日本海軍における航空軍備の強化は、ロンドン会議で補助艦の保有量が制限されたことに対して、条約規定外の航空軍備でそれを補塡するということで①計画以降本格化したものであった。とくに、この会議に次席随員として参加した山本が会議の結果に強く反発して、帰国後に航空軍備の強化に躍起になっていった姿は、こうした事情を象徴していたと言えよう[56]。そして、一九三七年の大西の「航空軍備に関する研究」にある「中攻」重視も、一九四一年の井上の「新軍備計画論」の「中攻」重視も、その発想の原点は、山本の航空本部技術部長時代の「中攻」開発に遡るものであった。しかし、このロンドン会議の結果、すなわち「先のワシントン会議で主力艦の比率を制限され、その補塡策として整備した巡洋艦や潜水艦が今度はロンドンで制限された」ということに対して、日本海軍は次の会議（第二次ロンドン会議）以降は「軍縮に拘束されない」ことを決意していった。航空軍備の強化は、あくまでも補塡「策」に過ぎず、それは劣勢だった艦艇軍備に置き換わるものとしてまで認知されなかったのである。そして、この軍縮脱退が意味

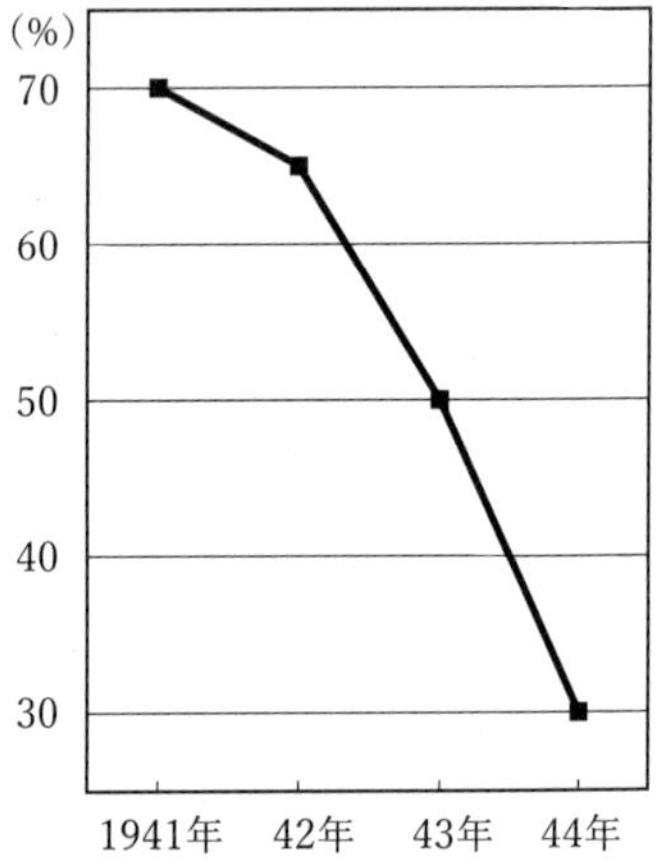

図　日本海軍の対米艦艇比率の推移

出典：日本国際政治学会編『太平洋戦争への道 7 日米開戦』（朝日新聞社、1987年）324頁の表を参考に作成。

するところとは、一九三七年からは自由に主力艦も建造できるということであった。こうして③計画以降「大和」型戦艦の建造が開始され、主力艦が対米軍備の中心兵器として復活したのである。

ただし、この日本の軍縮脱退は、アメリカにも軍縮の制約から逃れ出て自由に軍備拡張を行う選択肢を与えることになった。日本側もその対策は一応考えていたが、そのアメリカの軍備拡張は実際に日本側の予想よりもはるかに早く進行した。日本海軍は、ヴィンソンI計画以外の一九三〇年代後半のアメリカの新たな建艦計画はないと踏んでいたが、アメリカは日本海軍の③計画に対して一九三八年五月に第二次ヴィンソン法（ヴィンソンII計画）を成立させ、艦隊勢力の二割増をはかることを決定した。加えて海軍航空隊を三〇〇〇機まで倍増することも決めていたのである。日本の軍縮脱退は、アメリカ海軍航空隊という「寝た子」も起こすことになっていた。さらに、アメリカの建艦計画は、一九四〇年六月のヴィンソンIII計画を経て、翌七月には両洋艦隊法へと進んでいった。とくに後者の計画は、一挙に艦隊勢力の七割増強を行うというもので、以前日本海軍が対米七割の要求をしていたことを考えると、一つの計画で一個日本海軍分を造ってしまおうという、日本にとっては途方もない大計画だった。

もちろん、日本海軍も次々に打ち出されるアメリカの建艦計画に対して、④計画（対ヴィンソンⅡ計画）、⑤計画（対ヴィンソンⅢ計画）、⑥計画（対両洋艦隊法）を立てて、これらに対抗しようとした。しかし、早くも海軍は一九三八年九月の④計画検討の段階で、ヴィンソンⅡ計画によってアメリカは日本に対し「主力艦及補助艦に於て各三十余万噸、航空兵力に於て千数百機」の優勢を確保することになり、これは「我が国策遂行上にも重大なる支障を生ずるのみならず、延ては戦争誘発の危機をも招来する」という危機的見解を示すに至っていた。[57] ④計画で打ち出された航空隊の「倍増」以上の増勢計画も、実はこうした危機的状況に駆られた末の対抗策だったのである。

こうした日本側にとって苦しい軍備競争が展開するなかで、そしてその後の日米間の太平洋での戦いが「制空権の争奪」を主体に展開したことを考えれば、そこでほとんど活躍の機会がなかった「大和」型戦艦などの建造は早期にとり止め、航空戦力のより一層の充実を図るべきだったとする思いは、後知恵ながら当然のこととして起こってくる。しかし、航空機の海上戦における使用については、訓練上や構想上の「主兵」たり得ても、経験上は戦艦を「主兵」とした「輝かしい」伝統を持つ日本海軍にとって、その戦艦主兵論は捨て難いものだったのであろう。そして、戦艦主兵の考えは、日本のみならず当時の世界の「海軍の常識」でもあった。むしろ、一九三〇年代を通して海軍軍備として航空軍備に海上（艦艇）軍備に並び立つ重要性を与えていた日本海軍の先見性はそれなりに評価されるべきなのかもしれない。ただし、この戦艦および航空主兵の「両論併記」は、アメリカのように国力・資源の豊富な国には選択可能であっても、日本のようにその両者に欠ける国には不可能であった。ましてや、軍縮脱退によってそのアメリカとの軍備競争に入っていった日本には、それは「少ない戦力のさらなる分散」という状況しかもたらさなかったのである。

(1)日本国際政治学会太平洋戦争原因研究部編『太平洋戦争への道　開戦外交史　別巻』(朝日新聞社、一九八八年復刻版)五五～五六頁。
(2)防衛庁防衛研修所戦史室『戦史叢書　海軍軍戦備〈1〉』(朝雲新聞社、一九六九年)四〇一頁。
(3)「軍縮関係書類要書綴　塚原大佐」(防衛研究所戦史研究センター所蔵)。
(4)同右。
(5)関静雄『ロンドン海軍条約成立史』(ミネルヴァ書房、二〇〇七年)三一七～三二四頁。
(6)同右、三三二頁。
(7)新人物往来社編『追悼　山本五十六――昭和一八年九月二五日発行『水交社記事』より』(新人物往来社、二〇一〇年)五二頁。
(8)太田久元『戦間期の日本海軍と統帥権』(吉川弘文館、二〇一六年)一四～一五頁。
(9)田中宏巳『小笠原長生と天皇制軍国思想』(吉川弘文館、二〇二一年)二四六頁。
(10)阿川弘之『新版　山本五十六』(新潮社、一九六九年)四八頁。
(11)野村實『天皇・伏見宮と日本海軍』(文藝春秋、一九八八年)一五四頁。秦郁彦「艦隊派と条約派――海軍の派閥系譜」三宅正樹編『軍部支配の開幕――昭和史の軍部と政治1』(第一法規出版、一九八三年)二二一頁。

(12) 目黒眞澄『元帥 山本五十六』(みたみ出版、一九四四年)一五〇頁。
(13)「軍縮関係書類要書綴 塚原大佐」。
(14)『戦史叢書 海軍軍戦備(1)』四〇二頁。
(15) 日本海軍航空史編纂委員会編『日本海軍航空史(3)制度・技術篇』(時事通信社、一九六九年)三九六頁。
(16) 反町栄一『人間 山本五十六――元帥の生涯』(光和堂、一九六四年新版)三〇九頁。
(17)『日本海軍航空史(3)』三九五~三九九頁。反町『人間 山本五十六』三一〇頁。
(18)『日本海軍航空史(3)』四一六頁。
(19) 同右、四一七頁。
(20) 同右、四七五頁。
(21) 同右。
(22) 同右。
(23)『戦史叢書 海軍軍戦備(1)』四〇二頁。
(24) 坂井多美子編『三和義勇「山本元帥の思い出」』(私家版、一九九九年)五一~五二頁。
(25) 反町『人間 山本五十六』三三一頁。
(26) 阿川『新版 山本五十六』一三一頁。
(27) 同右、九一頁。
(28)「堀悌吉関係資料」(大分県先哲史料館所蔵)。
(29) 大分県先哲史料館編刊『大分県先哲叢書 堀悌吉資料集 第一巻』(二〇〇六年)三二六頁。
(30) 相澤淳『海軍の選択――再考 真珠湾への道』(中公叢書、二〇〇二年)五四~五九頁。
(31) 同右、五九~六六頁。

(32) 阿川『新版 山本五十六』五六頁。
(33)『日本海軍航空史(3)』四一六頁。
(34)「昭和十年十一月 海軍航空本部各部現状報告」(防衛研究所戦史研究センター所蔵)。
(35)「昭和十年 軍備制限研究委員会研究調査事項 第六巻」(防衛研究所戦史研究センター所蔵)。
(36)「昭和十一年 会議経過報告意見等 其の四(帝国会議脱退後)」(防衛研究所戦史研究センター所蔵)。
(37) 土井章編『昭和社会経済史料集成 第一巻海軍省資料(1)』(大東文化大学東洋研究所、一九七八年)八三頁。
(38) 海軍省海軍軍事普及部パンフレット「軍縮会議を中心にして 一九三四年十月」九頁。
(39) 海軍有終会編刊『海軍要覧 昭和十年版』三六~三八頁。
(40)『続・現代史資料五 海軍 加藤寛治日記』(みすず書房、一九九四年)四八四頁。
(41)「昭和十年 軍備制限研究委員会研究調査事項 第九巻」(防衛研究所戦史研究センター所蔵)。確かにアメリカがその後建造した戦艦は、太平洋戦争終結時の一九四五年(軍縮明け後九年)までの間、パナマ運河制限内の四万五〇〇〇トン級のアイオワ型が最大であったから、この戦艦建造についての見通しに関する限り、日本海軍の判断は正しかったことになるかもしれない。
(42) 反町『人間 山本五十六』三八四頁。
(43) 防衛庁防衛研修所戦史室『戦史叢書 海軍航空概史』(朝雲新聞社、一九八六年)四八頁。日本海軍航空史編纂委員会編『日本海軍航空史(1) 用兵篇』(時事通信社、一九六九年)一二三~一二四頁。
(44) 相澤『海軍の選択』六九~七六頁。
(45)『戦史叢書 海軍軍戦備(1)』四七七~五三〇頁。
(46)『日本海軍航空史(1)』一一四~一一八頁。

(47)『戦史叢書　海軍航空概史』五四頁。
(48)同右、五五頁。
(49)「昭和十三年三月　空威研究会報告」(防衛研究所戦史研究センター所蔵)。
(50)『日本海軍航空史(1)』一三二頁。
(51)『戦史叢書　海軍軍戦備(1)』五四一～五五二頁。
(52)『日本海軍航空史(1)』一四四～一四五頁。
(53)各論は、「一、要地攻略戦論」「二、航空戦論、制空権論」「三、潜水艦戦論」「四、通商保護戦論」「五、航空機種論」「六、艦型論」「七、出師準備論」「八、戦争能力論」そして「九、海軍制度論」であった。
(54)井上成美伝記刊行会編刊『井上成美』(一九八二年)資－一二六～一三二頁。なお、井上の「新軍備計画論」では、航空機のみならず潜水艦も重視されており、「潜水艦及航空機の発達せる今日は、吾に若し優勢なる潜水艦と航空兵力を有するに於ては、主力艦を含む艦隊決戦の如きは生起することなかるべし」とも述べられていたが、それに続いて「何となれば、敵主力の如きは、吾の航空機活動圏内に侵入するは自滅を意味するを以てなり」と言っていることから、やはり航空機が第一義的に評価されていた。
(55)『井上成美』資－一三三頁。
(56)ワシントン会議での主力艦制限の結果に対しては、やはりそれに強く反発していた随員の一人であった末次信正が、帰国後に潜水艦部隊の強化に力を注いでいた。ロンドン会議後の山本は、その末次に軍縮をめぐるアメリカへの不満をぶちまける意見具申をし、今度は航空軍備の強化に力を注いでいたのである。
(57)『戦史叢書　海軍軍戦備(1)』五四一頁。

第五章　真珠湾への道

海軍次官就任

日本海軍の軍縮脱退により日米の新たなる建艦競争が始まり、航空軍備の整備もそれまでにも増して急がれるなかで、山本は「自分には航空本部長が一番適任だ。一生でも航空本部長で御奉公がしたい」と望んだその職を、わずか一年で去ることになった。これは、山本が海軍大臣であった永《なが》野修身《のおさみ》(海兵二八期)に「次官になれといわれたのをお断りした」ところ、永野から「山本君、君は僕をきらいなのか、〔第二次ロンドン海軍〕軍縮会議に僕が全権になった時、君に随員をお願いしたら断わった、今亦海軍次官を断わられるが、君は僕を好かんのか」と詰め寄られたという顚末での次官就任(一九三六〔昭和十一〕年十二月)で、山本にとっては「少しも目出度《めでた》くはない」人事であった。(1)山本の永野評は「天才でもないのに自分を天才だと思い込んでいる人」という手厳しいも

海軍次官時代（山本五十六記念館提供）

ので、両者は「性格的にかけ離れていた」ようでもあった[2]。しかし、こうした経緯はともかくとして、次官となった山本が引き続き航空軍備の整備に尽力することに変わりはなかった。

山本はこのとき、海軍航空に限らない、総力戦体制構築をも見据えた日本全体の航空「戦力化」へも乗り出し、次官就任後約半年を経た一九三七年五月には、逓信省航空局長となった小松茂《こまつしげる》を側面から支援し、その事業拡大と民間航空振興策を強力にバックアップしたのである。小松は、国防と関連する民間航空のあり方について、航空機製造能力の向上、操縦士の大量育成、さらには中央航空研究所の創立などを企図し、積極的な事業計画を立てていた。そして、山本はその予算獲得のために、航空本部長時代以来意気投合していたというこの小松を連れ、大蔵大臣の賀屋興宣に直談判し、トップダウンでその予算を認めさせていた。ロンドン会議では山本と「口もきかない」関係になっていた賀屋は、山本次官にやや遅れて大蔵次官となり、さらには大蔵大臣に就任していたが、両者は実務上の接触を通して徐々にその溝を埋めていき、「いつのまにか仲良し」になっていたのである。また、山本は、この創設なった中央航空研究所に対し「ハワイを爆撃して帰ってくる飛行機をつくってくれ」と、成層圏飛行のできる航空機を希望していたともいう。この航空機の開

発は、まさにアメリカ艦隊の基地であるハワイを「先ず空襲を以て一撃する」構想から期待するものであったろうか。(3)

しかし、この航空局に関して、その権限拡大となる航空省への昇格問題については、海軍は同意をしなかった。また、時を同じくして起こっていた陸・海軍航空隊を統合する独立空軍の設立問題にも海軍中央は反対していた。その背景には、この航空省設置が陸軍側の提案であることへの不信感があり、独立空軍に関しても航空分野で遅れをとる陸軍がかえって人的に主導権を獲得する恐れが大きかったことなど「海軍航空の能率を低下させる不利が生ずる」との判断があった。(4) 海軍航空本部は「差し当たり航空局の強化、中央航空研究機関の整備、陸海軍協調機関の活用により、統制協調の実をあげるべき」との結論を下していたのである。(5) そして、航空省昇格問題については、航空局の事業拡大そのものには積極的であった山本も動いた形跡はなく、その後陸海軍で調整がつかないまま小松航空局長の「催促無しの条件付にて預り」(6) となってその設置は見送られ、独立空軍の設立も実現することはなかった。

第一次近衛内閣　左から２人目が賀屋興宣（大蔵大臣）、3人目が米内光政（海軍大臣）

一方、山本はアメリカ駐在時代に航空機と同じく関心を抱いていた石油問題に関しても、次官三年目の一九三九年の正月明けに「水が油になる」という怪しげな話を聞きつけて、航空本部の地下で実際にその実験をやらせてみたり、同じく同年初めにメキシコですでに「廃坑」となっていた油田採掘事業（太平洋石油）に「メキシコの石油は、俺の恋人だから」とその事業への「徹底的な応援」を約束したりしていた。まわりから見たら明らかに「奇行」に映るこうした行動は、当時、仮想敵国アメリカにそのほとんどを頼らなければならなかった日本の状況に対する、山本の「藁《わら》でもつかみたい程の思い」の表れだったとも考えられる(7)。

もちろん、海軍次官となった山本の所掌は自身の関心事である航空軍備や石油問題に限られることはなく、なかでもこの一九三〇年代後半に海軍中央部に投げかけられた大きな問題が、日中戦争の勃発と日独伊三国同盟締結問題への対処という難題であった。こうした問題に、山本は永野の後任となった米内光政海軍大臣を補佐しつつ、また、さらにその後軍務局長となった井上成美とも協力して、対応することになった。いわゆる「海軍省トリオ」の誕生である。この三人のなかで、とくに米内と山本は、ともに若い大尉時代に海軍砲術学校の教官として同じ釜の飯を食った気心が通じ合う「古い仲」で(8)、この米内の大臣就任についても、山本次官の根回しがあったとされている。また、何よりも米内の海相就任は、軍令部総長の伏見宮による「米内を最適任」と考えるとの米内に対する直接の仰せによるものでもあった(9)。一方、軍務局長となった井上は、一九三〇年代前半の軍務局第一課長時代に、「艦隊派」を中心とする軍令部側の権限拡大の動きに海軍省側の主務課長として立ちはだかり、その結果更迭されたという強者であった。本来であれば、まさにその権限強化の中心にあった伏見宮の不興を免れないはずであったが、その後、敵ながらあっぱれということか、「井上をいいポストにやってくれ」[10]という伏見宮の言葉で、戦艦「比叡」艦長から将官へと昇進し、軍務局長として海軍中央に返り咲いていた。山本に関しては、同期生堀悌吉に関するかつての人事直訴について「一々同感なり」としていた伏見宮であったが、山本をどこまで評価していたかは定かでないところもあるものの、「海軍省トリオ」は絶大なる権威を持つ軍令部総長伏見宮の「信任」のもとにあったと考えられる。こうして「条約派」なき後の海軍省において、強いリーダーシップを発揮し得る、新たなる首脳部が誕生していたのである。

三国同盟問題と航空軍備

「海軍省トリオ」が直面した日中戦争の勃発・拡大と三国同盟締結問題(日独伊防共協定強化問題)は、基本的に日本の国内政治における陸軍と海軍の対立軸上で展開した問題でもあった。日中戦争の発端となる盧溝橋事件勃発(一九三七年七月七日)以降、米内海相以下の海軍側が当初採った対応策は、事件の現地解決および話し合いによる事件の収拾という不拡大方針であり、陸軍の本国からの派兵にもきわめて慎重であった。ただし、この日中間の紛争が海軍の警備担当区域である上海に飛び火(第二次上海事件)すると、海軍側の対応はにわかに強硬化し、米内海相は紛争の全面拡大、そして蔣介石《しょうかいせき》の首都「南京の占領」にまで言及するなど、陸軍以上に強硬になった。したがって、日中戦争の拡大過程で、海軍が一貫してこの戦争の不拡大を主張し、一方、陸軍のみがその拡大を図っていたわけではない。[11]

しかし、山本次官にとっては、この日中戦争は「陸軍の馬鹿が又始めた」戦争に他ならなかった。そして「片づいたらけつから煙が出るほど喫《の》んでやる」といって好きな煙草を断ってしまった山本は、ロンドンから帰朝して宮内大臣になっていた松平恒雄が、葉巻のいいものを進呈しようとした際も、「事変が片づくまで預かっておいてください」と辞退していたほどであった。[12]ただし、日中開戦への陸軍と海軍の関与がどのようなものであったにせよ、その後の日中戦争の拡大・長期化は、日本海軍にとって軍拡競争に入っていたアメリカの対日態度を硬化させる結果を生んだ。一九三八年七月の航空機・航空機エンジン等の道義的禁輸に始まる日本に対するアメリカの事実上の経済制裁措置[13]も、山本が進める航空機産業の発展に暗雲を投げかけるものになっていった。そうしたなかで持ち上がってきたのが、そのアメリカとの関係をさらに悪化させかねない日独伊防共協定（一九三七年十一月締結）の強化問題であった。

日独伊防共協定は、その前年の一九三六年十一月に結ばれた日独防共協定にイタリアが加わったもので、その目的はまさに「防共」すなわち共産主義のソ連に対抗する国家間協力を定めたものであった。しかし、この段階では、まだ協定は軍事的な協力までも含む積極的なものではなく、これを強化すなわち同盟化する動きが一九三八年夏から一九三九年夏にかけて日独間に起こっていた。そして、その動きの日本国内での強力な推進者が、ソ連を仮想敵国にする日本陸軍であった。陸軍は、そもそもの日独防共協定締結の段階から、対ソ戦略の一環として、反共のヒトラー・ドイツと東西からソ連を挟み撃ちにする「日独同盟」の成立を目指していた。一方、日本海軍にとってそうした陸軍の対ソ戦略の強化は、対ソ戦争という「国家的悲劇」をも惹起しかねない危険な動きと捉えられた。一九三〇年代の半ばの海軍の主要眼目は、何より米英との海軍軍縮体制から脱退したあとに生じつつあった、とくに仮想敵国アメリカとの建艦競争であり、海軍としては日本の戦略も軍事予算も「対ソ」にではなく「対米」に集中されるべきであった。米内、山本ら海軍首脳部は、この防共協定強化に強く反対していくことになるのだが、その反対理由の第一は、陸軍の「対ソ」という戦略に対する、海軍の「対米」という戦略からの異議申し立てだったと考えられる。結局、この日本とドイツの防共協定強化交渉は、一九三九年の夏に陸軍が宿敵ソ連軍とノモンハンの大草原で軍事衝突している最中、肝心のドイツがそのソ連と不可侵条約を結んでしまったことによって、陸軍の意図は完全に裏切られ、交渉自体が消滅してしまうのであった(14)。

実は、その一年後の一九四〇年九月に実際に締結される日独伊三国同盟は、この「防共強化」とは全く違う性格を持つ同盟であった。このとき日本は、日独伊に加えてソ連をも含めた日独伊ソ四国同盟への発展を意図していたのである。この日独伊ソの四国連合構想については、独ソ不可侵条約が結ばれドイツとの防共協定強化交渉が頓挫した直後、早くも海軍内部の文書で「今後日本が採るべき対外政策」として最も有利な政策に挙げられていた。また、陸軍においても、四国連合構想はノモンハンでの苦戦を教訓に「対ソ」戦略を一時棚上げとし、長期化する日中戦争解決のために

三国同盟の祝賀会に臨んだ松岡洋右外相（中央、1940年10月、毎日新聞社提供）

も有利な政策としてその後取り入れられていった。そうした陸海軍の構想の一致もあって、三国同盟は交渉再開後間もなく締結されていったが、それは第二次世界大戦の勃発（一九三九年九月）から一年余りを経て、英独がまさに鎬《しのぎ》を削る決戦（バトル・オブ・ブリテン）を戦う最中の一九四〇年九月のことであった。その後これにソ連が加わるかどうかは別にして、当然、この時点でドイツと同盟した日本は、イギリスとの対立、さらにはその背後にあったアメリカとの対立を決定的にしていった。[15]

ところで、ドイツとの同盟締結が米英との関係を悪化させるという認識は、実はソ連を主対象にした日独伊防共協定強化交渉の段階においても、その当時の海軍首脳部（米内海相・山本次官）にあったとされている。それは、この交渉時にすでにドイツ側から対象国に英仏も加えることが提案されていたという問題をめぐり展開していた。こうした点に関して、海軍首脳部には次のような懸念があったことを、軍務局長であった井上成美が、戦後、以下のように回想している。

米内海相はイギリスを対象とすることを不可とし、山本次官は英仏の背後にあるアメリカとの関係を悪化することを不可としていた。いずれも日本の経済面への配慮からで、自分は、国策の延長として独伊と結び、戦争に近づくのは許せないと考えた(16)。

この時期、ヨーロッパでのドイツと英仏、そして米との緊張関係はすでに明確であり、また、日本は長期化する日中戦争の展開のなかで、米英とくにアメリカからの経済的圧迫に晒されている状況でもあった。したがって、米内や山本の「日本の経済面への配慮」からのさらなる対米英関係悪化への懸念は当然のことであったろう。しかし、とくに山本の懸念は、単に経済的な側面に限られない、三国(枢軸)同盟締結による軍事的な大きな危険についても及んでいたようである。それは、山本が次官の職を離れ、連合艦隊司令長官となってから約一年後に開かれた海軍首脳者会議(一九四〇年九月十五日)の際の、以下の山本の見解に見られる。その会議では海軍の日独伊三国同盟締結への賛否が最終的に決定することになっていた。

一年前海軍責任当局は、枢軸同盟締結に同意しなかった。その理由はこの同盟が必ず日米戦を将来するものであり、その場合海軍軍備の現状をもってしては勝算がない、勝算を得るの途は唯一つ航空軍備の充実あるのみである。しかしそれには年月を要する。それ故日米戦を必至とするが如き条約を締結すべきでないとした。その後僅か一年を経過したのみで、対米戦に自信のもてる軍備が出来よう筈がない。しかるに現在の海軍責任当局は、敢て三国条約に同意しようとしている。自分は現責任当局が果して勝算の立つ軍備を早急に整備充実する自信ありや否やを問うつもりで、詳細に資料も準備して会議に臨んだのであった。しかるに司会者であった豊田《とよだ》〔副武《そえむ》〕次官は自分に殆んど発言の機会を与えずして（中略）及川〔古志郎〕大臣は海軍の態度を同盟賛成と決定する旨宣して会議を終ってしまった。(17)

一年前に山本らが反対した際のソ連を主対象にした三国同盟（防共協定強化）問題と、すでに第二次世界大戦が勃発して英独がバトル・オブ・ブリテンという決戦の最中にある際の三国同盟締結では、対米緊張度の度合いは全く異なっていたわけであるが、(18)それでもこの会議でかろうじて発言の機会を得た山本は、「条約が成立すれば米国と衝突するかも知れない。現状では航空兵力が不足し、陸上攻撃機（「中攻」）を二倍にしなければならない」と言って、連合艦隊司令長官として三国同盟締結への疑義を表明していた。また、山本はこのとき航空軍備の具体的数字として「アメリカに対しては戦闘機一〇〇〇機、中攻一〇〇〇機」との持論も展開した。しかし、こうした軍備の不足に関する問題は何ら議論されることなく、同盟締結が会議の合意事項とされていたのである。(19)

この山本の「中攻」への言及は、当然、一九三〇年代後半に航空本部において打ち出されていた「中攻」重視の用兵思想から出たものであったろう。すなわち、山本も対米戦争勃発時における西太平洋の制海権確保の中核兵器として、地上基地から発進する「中攻」を重視していたのである。

しかも、その必要数として一〇〇〇機という実数を上げていた。しかしながら、このときの「中攻」すなわち九六式陸上攻撃機の生産機総数は、一九四〇年末の段階で六〇〇機程度、しかもこの機体は長期化した日中戦争の奥地攻撃（戦略爆撃）に投入され、その喪失も一〇〇機前後（一九四〇年末）に達していた。すなわち、日本全国からかき集めても山本が求める数の半分（五〇％）程度しか存在していなかったのである。

真珠湾攻撃に出動する零戦（朝日新聞社提供）

また、山本が求めた戦闘機一〇〇〇機とは、太平洋で戦う上での長距離航続力を持つ最新鋭の零式艦上戦闘機が望ましかったことは間違いなく、しかし、一九四〇年に制式化されたこの零戦は、まさにこれから整備していかなければならない状況であった。ちなみに、零戦一〇〇〇機を製造するためには、戦艦「大和」型一隻分の予算が必要だったとされている[20]。

もちろん、山本の三国同盟締結への反対理由は、この戦備の不足という「軍事上」の問題だけではなく、より「政治的」な観点からの判断もあったかもしれない。しかし、ともかくも用兵責任者（連合艦隊司令長官）としてここで示した「戦闘機一〇〇〇機、中攻一〇〇〇機」という数は、一九三〇年代を通した山本の対米劣勢比率挽回を目指した航空軍備整備の一つの到達目標だったと考えられる。しかも、こうした航空軍備の整備では、戦間期を通した日独技術交流が大きな役割を果たしていた。[21]そして、この交流は航空軍備に限られない艦艇軍備（潜水艦や「大和」）をも含む戦間期の対米戦備全体の強化にも及んでいたのであった。そうした日独関係の延長線上にも捉えられる一九四〇年九月の三国同盟の締結は、当然の帰結として日米関係を悪化させ、日米開戦の危機を高めていく運命にあった。山本は、ここであらためて海軍中央部に強く航空兵力の増産を督促しつつも、いよいよ差し迫る対米戦における作戦準備に入らなければならなくなっていくのである。頼みとする「中攻」の充足がつかない段階で、アメリカ艦隊とどう戦うのか。

かつて山本は、一九三〇年代半ばの第一航空戦隊司令官時代に、空母搭乗員たちを前に「日米開戦となった場合」には「搭乗員達が、魚雷なり爆弾なりを抱いて、敵戦艦の檣楼に体当りを喰わせるよりは遺憾乍ら手はない」との決死の覚悟を求めていた。三国同盟締結後の山本は、にわかにこうした空母の使用による決死の作戦の実行について、本格的な検討に着手していくのであった。

対米戦争と国力

日独伊三国同盟締結から遡ること二ヵ月、日本の最高首脳部（大本営政府連絡会議）は、同盟締結を方向づける「世界情勢の推移に伴う時局処理要綱」を決定していた（一九四〇年七月二十七日）。これは、すでにヨーロッパで勃発していた戦い（第二次世界大戦）の情勢を睨みつつ、とくに一九四〇年春のドイツの西方攻勢開始以降の展開のなかでドイツによるイギリス攻略もあるとの予見のもとに、今後の日本の対応策について検討したものであった。方針としては「速に支那事変（日中戦争）の解決を促進すると共に好機を捕捉し対南方問題を解決する」ことが冒頭に掲げられ、その具体的な対外施策の要領としては「先ず対独伊ソ施策を重点とし、特に速に独伊との政治的結束を強化し、対ソ国交の飛躍的調整を図る」こと（日独伊ソ四国連合の形成）、続いて「米国に対しては公正なる主張と儼然《げんぜん》たる態度を持し、帝国の必要とする施策遂行に伴う已むを得ざる自然的悪化は之を辞せざる」と対米関係の悪化も覚悟されていた。

ところで、この要綱の「好機を捕捉して対南方問題を解決する」との方針決定は、ここに至って日本陸軍の戦略方針に大転換がなされていたことを意味した。すなわち、それまで対北方戦（対ソ戦）重視を金科玉条としてきた陸軍が、日中戦争の解決のためにも対南方戦を先に考える（南先北後）という、戦略の「南進への旋回」[22]を図っていたのである。そして、こうした対南方戦の遂行について、陸軍は石油・船舶量を含めた国力上の検討をその後内閣企画院に依頼したが、その結論は「国民生活を支える民需を極端に圧迫すれば短期戦は可能であるが、石油問題だけは致命的弱点である」というものになっていた[23]。この南方をめぐる戦略については、日独伊三国同盟が締結され、ヨーロッパの情勢がそれまで以上に日本への影響を強くするなかで、一九四〇年秋以降、陸軍内でさらに検討が進められることになった。そして、そこで再び問題になったのが、対南方戦、すなわち対英米戦になった場合の国力の問題であった。

一方、海軍においても、三国同盟締結以降の事態の緊迫化を受けて、対南方（米英）武力行使の「可能性」を見据えた上での対策が打ち出されていた。一九四〇年十一月十五日、海軍は出師準備第一着作業を発動し、合わせて海軍省軍務局の改編にも踏み切った。「出師準備」とは、「国軍を平時の態勢より戦時の態勢に移し、且戦時中之を活動せしむるに要する準備作業」のことで、このとき継続する日中戦争に加えて準備すべき戦いとして念頭にあったのは、やはり対米戦であった。また、軍務局の改編においては、「国防政策を主務とする」軍務第二課を新設し、その課長には海軍内きっての政治通であり対米強硬論者でもあった石川信吾《いしかわしんご》（海兵四二期）を着任させた。[24] その石川を中心に、一九四一年六月にまとめられたのが「現情勢下に於て帝国海軍の採るべき態度」である。「帝国海軍は皇国安危の重大時局に際し、帝国の諸施策に動揺を来さしめざる為、直に戦争（対米を含む）決意を明定し、強気を以て諸般の対策に臨むを要す」との強硬論が結論部分の冒頭に明記され、海軍大臣（及川）の押印まであるこの文書が果たして海軍の政策決定を意味するかどうかについては議論の分かれるところであるが、海軍が日露戦争終結後から三五年近くにわたって仮想敵としてきたアメリカとの戦争について、このとき最も現実味を持って検討を加えていたことは確かであった。[25]

陸海軍によるこうした対南方戦＝対米英戦についての検討は、しかしながら、一九四一年六月初めに決定された「対南方施策要綱」において一つの結論が出されていた。そこでは、南方施策について、まずは「外交的施策により」その「目的の貫徹を期す」とされ、すなわち「米英と戦争にならない範囲で南進する」方向が示されていのである。[26] ただし、この要綱では、今後「米英蘭等の対日禁輸により帝国の自存が脅かされた場合」や「米国が単独で、もしくは英蘭支等と共同で対日包囲網を加重し、我が国の国防を脅かす場合」には「自存自衛のための武力を行使」することも定められていた。[27]

こうした「対南方施策要綱」に見られる南方施策の一つの実行が、翌月（七月）の南部仏印進駐であった。これは、この要綱の原則に沿う、日本側の判断ではあくまでも「戦争に至らない範囲」の南進策だったのである。[28] しかしながら、この日本の行動に対するアメリカ側の反応は、石油の全面禁輸に至る非常に強い形で現れた。アメリカの対日態度は、六月末の独ソ開戦（＝日独伊ソ四国連合構想の消滅）からより強いものになっていたこともあるが、日本側は南部仏印進駐に対するアメリカの強硬な対決姿勢を読み取れていなかったのである。その対日全面禁油は明らかに、「対南方施策要綱」のなかの「自存自衛のための」武力行使の要件である「対日禁輸により帝国の自存が脅かされた場合」を満たすことになった。しかも、時が経ち、日本の石油の備蓄がなくなれば、その自存自衛の戦いすら発動できなくなる運命に日本は追い込まれたのであった。こうして日本は、九月六日の御前会議において、「帝国は自存自衛を全うする為対米、（対英、蘭）戦争を辞せざる決意の下に概ね十月下旬を目途とし戦争準備を完整す」との「帝国国策遂行要領」を決定していくのである。

もちろん、ここで「辞せざる」ものとした対米英蘭戦争については、日本の戦争遂行能力は前年

海軍館で昭和天皇を案内する　左が山本五十六（海軍省撮影）

夏から繰り返された陸海軍による検討結果にもある通り、「物的国力上は不安」であり、とくに当然覚悟すべき「長期戦」ではその不安がなおさらであることに変わりはなかった。[29] すなわち、この対米英蘭戦争での勝利は、その見通しが立っていなかったのである。そうしたなかでも、陸海軍統帥部は、九月の御前会議の決定に基づいて、その戦争計画を立案しなければならなかった。その後、十月下旬を目途とした開戦時期は、国策の再検討などを経て、十二月初頭にまで繰り下げられるが、それでも一方で展開されていた外交的努力（日米交渉）が妥結しない限り、開戦は必至であった。

戦争計画立案が困難を極めるなかで、昭和天皇から「戦争終末の見通しは作るように」との督促もあり、作成中の戦争計画に当たる「対米英蘭戦争指導要綱」から一部分のみ抜き出して決定したのが、「対米英蘭蔣戦争終末促進に関する腹案」（十一月十五日、大本営政府連絡会議）であった。日本において唯一の戦争計画と呼べる文書の決定である。[30] ただし、この文書は、「腹案」という名称が示す通り、質的にもそして量的にも、戦争計画としては不完全なものであった。それでも、どのように戦争を展開し終わらせていくかという「大戦略」については、概ね以下のように方針が示されていた。

速に極東に於ける米英蘭の根拠を覆滅して自存自衛を確立すると共に、更に積極的措置に依り蔣政権の屈服を促進し、独伊と提携して先ず英の屈服を図り、米の継戦意思を喪失せしむに勉む

ここで海軍にとって何より問題である対米戦に関しては、その「継戦意思を喪失」させる段階までしか想定できていなかった。すなわち、アメリカを軍事的に屈服させることは困難であるとされていたのである。しかし、それでも、そのアメリカの継戦意思を挫くためには、それ相応の軍事的手段が必要であり、その手段が「腹案」の要領のなかに次のように明記されていた。

凡有《あらゆる》手段を尽して、適時米海軍主力を誘致し、之を撃滅するに勉む

これは明らかに、日本海軍が日露戦争終結以降、アメリカを仮想敵にして積み上げてきた対米戦における漸減邀撃作戦そのものであった。そして、そこにあるのは日米海軍同士の主力艦隊による決戦が戦いの帰趨を決するという戦争観であった。「腹案」とは、少なくとも日本海軍にとっては、

日露戦争における行き詰まりを打開して講和に持ち込んだ日本海海戦の大勝利を、来たるべきアメリカとの戦争で再現しようとする戦争計画に他ならなかったのである。[31]

「戦備に関する意見」

日米戦突入となった場合、その正面となる太平洋において日本海軍部隊を率いて陣頭指揮すべき人物が、他ならぬ連合艦隊司令長官であった。山本五十六は、一九三九年八月末に、海軍次官からこのポストに就任していたが、その際の感激を郷里の後輩反町に次のように語っていた。

旧長岡藩から、長岡中学校から、長岡社から大日本の聯合艦隊司令長官が出たことを君は胸においてくれるだろうね[32]

海軍軍人として最高の栄誉である連合艦隊司令長官への海軍次官からの就任は、米内海相による抜擢人事だったとされているが、山本自身にとってもこのポストに就くことの重みは十分意識されていたのである。

山本は着任早々、その持論とする航空戦力重視の考えから、連合艦隊の訓練の重点を航空作戦に置くものに変更した。そして、その構想下で翌年（一九四〇年）三月に実施された飛行機隊による洋上雷撃訓練を見て、山本は訓練の成果に大いに満足し、側にいた参謀長の福留繁《ふくとめしげる》（海兵四〇期）に「飛行機隊でハワイをたたけないものか」と漏らすまでになっていった。一方、時をほぼ同じくして、東太平洋で大規模な演習を実施していたアメリカ太平洋艦隊は、五月初めにハワイに常駐となることが発表された。ここに、後のハワイ作戦計画につながる手段と目標が出揃うことになったのである。[33]

旗艦「長門」上にて（山本五十六記念館提供）

そうしたなかで、山本の連合艦隊司令長官着任から一年余りを経た一九四〇年秋、日独伊三国同盟が締結され、対米関係はその緊張度を一挙に増していく。そして、山本はそれまでの「机上のプラン」では済まされない対米作戦の具体的立案という大きな課題を抱えていくことになった。この作戦案について、開戦劈頭の構想をまとめたものが、一九四一年一月七日付の書簡で及川古志郎（海兵三一期）海相に提出された「戦備に関する意見」[34]であった。しかし、ここで示された作戦は、それまで海軍が日露戦争終結以降、長年にわたって積み上げてきた対米戦における作戦構想から大きく外れる内容になっていた。

この「戦備に関する意見」については、前年（一九四〇年）十一月下旬の段階で山本が上京した際に、すでにその内容が及川に口頭で伝えられていたものであったが、書簡となった冒頭には次のような山本の決意が記されていた。

国際関係の確固たる見透しは何人にも付き兼ぬる所なれども、海軍殊に連合艦隊としては対米英必戦を覚悟して戦備に訓練に、将又《はたまた》作戦計画に真剣に邁進すべき時機に到達せるものと信ず

続いて山本は、最初の「一、戦備」の項目で、海軍中央部が「全力を挙げて之が整備に努力せられつつあるものと信ず」としながらも、とくに「就中航空兵力は不敗の態度を維持するに必要欠くべからざるものにして、其の機材と人員とを問わず、之で満足とは決して行かぬ筈に付、あらゆる機会に之が増産方を激励促進あり度」と要望し、従来からの航空戦力の強化を強く求めていた。また、「二、訓練」の項目では、「従来訓練として計画実行しつつある大部分は、正当基本の事項、即ち邀撃決戦の場合を対象とする各隊の主任務に関するものなり」と述べた上で、なお、今後の訓練については以下のように変更の必要があることを記していた。

併しながら実際問題として、日米英開戦の場合を考察するに、全艦隊を以てする接敵、展開、砲魚雷戦、全軍突撃等の華々しき場面は、戦争の全期を通し、遂に実現の機会を見ざる場合等も生ずべく、而も他に大に演練すべくして、平素等閑に附され勝《がち》なる幾多の事項に対し、時局柄真剣に訓練の要あり

そうした上で、山本はこの意見の本題である対米開戦劈頭の作戦構想について、「三、作戦方針」そして「四、開戦劈頭に於て採るべき主作戦計画要領」とその構想を展開していた。

まず、「作戦方針」では、山本は次のような論法で、海軍がそれまで対米戦における必勝戦法としてきた漸減邀撃作戦を強く否定していた。

作戦方針に関する従来の研究は、是れ亦正常堂々たる邀撃主作戦を対象とするものなり。而して累次図演等の示す結果を観るに、帝国海軍は未だ一回の大勝を得ることなく、此の儘推移すれば、恐くぢり貧に陥るにあらずやと懸念さらるる情勢に於て演習中止となるを恒例とせり

事前戦否の決を採らんが為の資料としてはいざ知らず、苟《いやし》くも一旦開戦と決したる以上、如此経過は断じて之を避けざるべからず

そして、山本はそれに代わる自身の作戦方針を次の通り明示した。

日米戦争に於て、我の第一に遂行せざるべからざる要項は、開戦劈頭敵主力艦隊を猛撃撃破して、米国海軍及米国民をして救うべからざる程度に其の志気を阻喪せしむること是なり

ここで山本は、日露戦争以来、日本海軍が日本海海戦をモデルとして代々受け継いできた邀撃作戦計画を否定し、それに伴ってその邀撃作戦、すなわち主力艦（戦艦）同士の決戦で戦争の決着も付ける（戦争に勝利する）という戦争観をも一刀両断していたのである。

その上で、この意見の最後に「然らば之が実行の方途如何」として示されていたのが、「開戦劈頭に於て採るべき主作戦計画要領」であった。ただし、その項目の書き出しは、「我等は日露戦争に於て幾多の教訓を与えられたり」とされ、山本もまた日露戦争の教訓からこの作戦を導き出していたことが認められる。その日露戦争での「開戦劈頭に於ける教訓」とは、以下の三項目にわたるものであった。

（一）開戦劈頭、敵主力艦隊急襲の好機を獲得せること
（二）開戦劈頭に於ける我水雷部隊夜襲の実績は、遺憾ながら充分ならざりしこと
（三）閉塞作戦の計画並に実施は、稍々不徹底なりしこと
吾等は是等成功並《ならび》に失敗の蹟に鑑み、日米開戦の劈頭に於て極度に善處して勝敗を第一日に

於て決するの覚悟を以て計画並に実行を期せざる可からず

これらは、日露戦争開戦時に日本海軍が実施したロシア太平洋艦隊(旅順艦隊)に対する旅順港奇襲作戦と、その後展開された旅順港閉塞作戦に関する教訓であった。当時の東郷平八郎率いる連合艦隊は、そのいずれの作戦においても失敗を喫していたのである。満洲を主戦場とする日露戦争を遂行する上で、海軍は旅順のロシア艦隊をまず撃滅し、黄海の制海権を確保することが必須の条件であったが、結局それは開戦から約一年後の乃木《のぎ》第三軍による旅順攻略を待たねばならなかった。そして、もし陸軍による旅順陥落がなく、旅順艦隊が生き残りを続けるなかで、ロシア本国からの増援艦隊(バルチック艦隊)が到着していれば、日本海海戦における連合艦隊の「完勝」もきわめて困難だったはずで、それはまた、日露戦争における日本の勝利が危うかったことを意味した。(35)山本は、日露戦争のここに注目していたのである。

こうして導き出された作戦が、日米開戦劈頭にアメリカ太平洋艦隊の根拠地であるハワイの真珠湾を奇襲攻撃し、これを撃滅するという作戦であった。山本は、その作戦実施の要領を以下の通りとした。

(一)敵主力の大部真珠港に在泊する場合には、飛行機隊を以て之を徹底的に撃破し、且同港を閉塞す

（二）敵主力真珠港以外に在泊するときも亦之に準ず
之が為に使用すべき兵力及其の任務
（イ）第一、第二航空戦隊（已むを得ざれば第二航空戦隊のみ）
月明の夜又は黎明を期し、全航空兵力を以て全滅を期し、敵を強（奇）襲す

ただし、山本もこうした海軍のそれまでの「常識」を覆す作戦が、簡単に海軍中央部、とくに作戦を掌る軍令部の同意を得られるものとは考えておらず、当然起きてくるであろう反対論に対して、あらかじめその反論をこの「主作戦計画要領」の最後に記していた。

万一布哇攻撃に於ける我損害の甚大なるを慮りて東方に対しては守勢を採り、敵の来攻を待つが如きことあらんか、敵は敢然として一挙に帝国本土の急襲を行い、帝都其他の大都市等を焼尽するの作戦に出でざるを保し難し
若し一旦此の如き事態に立至らんか、南方作戦に仮令《たとえ》成功を収むるとも我海軍は輿論の激攻を浴び、爾后《じご》の作戦に非常の障碍《しょうがい》を生ずべく、且国民志気の低下を如何ともする能わざるに至らんこと火を観るが如し
（浦塩《ウラジオ》艦隊の太平洋半周に於ける我国民の狼狽は如何なりしか、笑事にはなし）[36]

南方作戦とは、日本が対米英戦を戦う上で「致命的弱点」とした石油問題を解決するための作戦だったが、山本はその作戦がたとえ成功したとしても、ハワイ攻撃がなければ対米戦は戦えないと訴えていたのである。

そしてこの「戦備に関する意見」は、最後の項目である「五、艦隊最高人事に関し」で次のように終わっていた。

小官は前述布哇作戦の準備並に実施に方《あた》りては、航空艦隊司令長官を拝命し、攻撃部隊を直率せしめられんことを切望するものなり

爾後堂々の大作戦を指導すべき大聯合艦隊司令長官に至りては、自ら他に其人在りと確信する次第なり（大臣には人名を指摘せり、総長宮にも申上げたり）

願くば明断を以て人事の異動を断行せられんことを

山本はこの「爾後の大連合艦隊司令長官」として、信頼を寄せる米内光政の名前を挙げていた。また、自身の人事に関しては、ハワイ攻撃に自ら出陣すべく、降格ともなる航空艦隊司令長官を拝命して「小官をして専心最後の御奉公に邁進することを得しめられんことを」[37]と、海軍大臣に切望していたのである。

真珠湾奇襲の決定

本来、「戦備に関する意見」は作戦に関わる内容が中心であり、その所掌は海軍省（及川大臣）というより軍令部（伏見宮総長）であったと考えられるが、少なくとも最後の項目で山本が訴え出た最高人事は、まさしく海軍大臣の所掌事項であった。しかし、この人事はその後実現することなく、一九四一年四月に新編された第一航空艦隊（第一、第二航空戦隊の空母四隻「赤城」「加賀」「蒼龍」「飛龍」基幹）の司令長官には、それまで海軍航空と全く関わりのなかった「水雷屋」の南雲《なぐも》忠一《ちゅういち》（海兵三六期）が就任した。南雲は山本の四期後輩で、「平時の序列」においては次に艦隊司令長官職に就く順番に当たっていたための人事配置であった。(38) 及川には、山本が口頭と書簡で二度にわたって訴えた危機感が伝わっていなかったのである。

一方、山本はこの意見書提出後の一月下旬、陸上基地の「中攻」部隊を中核とした第十一航空艦隊（一月に新編）の参謀長で、海軍航空生え抜きの大西瀧治郎に手紙を送り、真珠湾攻撃の具体的な作戦計画案の作成を命じていた。その際、「第一、第二航空戦隊をもって開戦劈頭ハワイを空襲し、その目標は米国戦艦群であり、攻撃は雷撃隊による片道攻撃とする」という一案を示していた。これを受けて、大西は第一航空戦隊参謀の源田《げんだ》実《みのる》（海兵五二期、のち第一航空艦隊航空参謀）に山本の手紙を見せて、真珠湾奇襲の基礎研究を依頼した。源田は山本の手紙を見て「その意表を衝く着想に一本とられた」との強い印象を受けたというが、攻撃方法や攻撃目標には異論があった。そこで、「攻撃は片道ではなく、空母を二〇〇浬までハワイに接近させた上での航空機による往復反復攻撃とする」ことや「攻撃目標は、主目標を空母とし、副目標を戦艦とする」などの修正を加え、さらに大西はこれに「択捉《えとろふ》島の単冠《ひとかっぷ》湾を出発地とする北方航路を採る」という一案を加えて、ほぼ後のハワイ作戦の原型となる計画案を四月上旬に山本に提出した。(39)

山本はこの大西案に若干の修正を加えて、大西にこれを軍令部第一(作戦)部長の福留に説明させ、その保管を求めた。この直前まで連合艦隊参謀長を務めていた福留は、すでに山本の構想を承知のわけで、この作戦案はそのまま第一部長の金庫に納められた。しかしながら、七月下旬の日本による南部仏印進駐後、アメリカの対日全面禁油など日米の緊張関係が一挙に高まるなかで、八月末までにまとめられた軍令部の対米英開戦時の海軍作戦計画案には、山本の真珠湾奇襲作戦は含まれていなかった。他方、連合艦隊では真珠湾奇襲を含めた作戦計画の起案を八月下旬に終えており、九月中旬に東京目黒の海軍大学校で山本が統裁する一〇日間の図上演習が行われ、その作戦案を検討した。

この図上演習が終了した後、軍令部において福留第一部長以下の参謀と連合艦隊側の宇垣纏《うがきまとめ》(海兵四〇期)参謀長以下の参謀たちが会合し、真珠湾奇襲作戦実施の可否について激しい議論が交わされた。軍令部側の意見はきわめて慎重で、この作戦は投機的で成功の確算が立たず、下手をすると事前に発見されて空母部隊が全滅する恐れもあること、また、オランダ領の石油地帯攻略を含む南方作戦には航空兵力（空母部隊）の投入が必要であるにもかかわらず、真珠湾作戦ではそのほとんどの空母部隊が投入されることになってしまうことなどから、その作戦実施に反対した。しかし、山本の考えは、先の「戦備に関する意見」にもある通り、南方作戦よりも真珠湾奇襲により重きを置くもので、この山本の不動の決意は宇垣によってあらためて福留に伝えられた。そうしたなか、この会合が持たれた同じ九月下旬に、二隻の新造大型空母（「翔鶴」「瑞鶴」）による第五航空戦隊の編成が終わり、これを南方作戦に投入できる目途が立ってきた。ここに軍令部は、山本が熱望する真珠湾作戦に第一航空戦隊と第二航空戦隊の空母四隻を投入することを、四月から軍令部総長になっていた永野修身の承認を得て、決定した。[40]

ところが、連合艦隊ではその後十月に入って実施した旗艦「長門」艦上での図上演習に基づき、作戦の確実を期すために第五航空戦隊の二隻をも含む六隻の全主力空母を真珠湾作戦に投入するという作戦強化策を決心するに至り、山本はその投入兵力の増強について、まず草鹿参謀長を軍令部に派遣して説明させた。当然、福留第一部長以下軍令部側は南方作戦への兵力不足を理由にこれに強く反対、それに対し、十月十八日に山本はさらに腹心の黒島亀人《くろしまかめと》（海兵四四期）先任参謀を派遣して、空母全力投入を「職を賭しても断行する」と伝えた。それでも、福留部長以下の反対は覆らなかったが、黒島は伊《い》藤整一《とうせいいち》（海兵三九期、四一年四月から八月まで連合艦隊参謀長）軍令部次長を通して永野総長に直訴する手段に出て、十月十九日、最終的には永野が「山本がそれほどまでに自信があるというのならば」[41]ということで、真珠湾作戦の実施は連合艦隊側の希望通りに認められることになった。

なお、南方作戦に投入する航空兵力不足については、満洲の陸軍航空兵力を南方に回すという陸軍側の協力も得られ、その不足を一部補うことができていた(42)。

こうして山本が強く希望する開戦劈頭の真珠湾奇襲「断行」は決定したが、軍令部側と山本の間にある南方作戦と真珠湾作戦の優先順位のズレについては、両者の溝は埋まっていなかった。すなわち、山本は真珠湾作戦を南方作戦に優先させる、まさに「主作戦」と考えていたのに対し、軍令部側は真珠湾作戦を重要な南方作戦の成功を支える作戦、すなわち「支作戦」と考えていた。そして、軍令部が考える海軍の主要な役割は、従来通りの、そうした南方地域等を後日奪還に来るアメリカ艦隊を邀撃する漸減邀撃作戦であるとし、それが「腹案」という全体の戦争計画でも明示されていたのである。

実は、こうした両者の認識のズレについては、山本も十分承知していた。それは、十月に東条英機《とうじょうひでき》内閣の海軍大臣となった同期の嶋田繁太郎に宛てた十月二十四日付の手紙(43)のなかで次のように書き記されていた。


聴く処に依れば、軍令部一部等に於ては此劈頭の航空作戦の如きは結局一支作戦に過ぎず、且成否は半々の大賭博にして之に航空艦隊の全力を傾注するが如きは以ての外なりとの意見を有する由なるも、抑《そもそ》も此支那作戦四年疲弊の余を受けて米英支同時作戦に加ふるに対露をも考慮に入れ、欧独作戦の数倍の地域に亘り持久作戦を以て自立自衛十数年の久しきにも堪へむと企図する所に非常の無理ある次第にて此をも押切り敢行、否、大勢に押されて立上らざるを得ずとすれば、艦隊担当者としては到底尋常一様の作戦にては見込み立たず、結局桶狭間《おけはざま》とひより越と川中島とを合せ行ふの已《やむ》を得ざる羽目に追込まるる次第に御座候

そして、この手紙ではさらに、年頭に及川海相にも願い出ていた、自身の航空艦隊司令長官への就任について、「此の国家の超非常時には個人の事など考ふる余地も之無、且つ元々小生自身も大艦隊長官として適任とも自任せず」としつつ、「劈頭航空作戦の件を加入せる際の小生の心境は此の作戦は非常に危険困難にて敢行には全滅を期せざるべからず」「万一航空部隊方面に敢行の意気十分ならざる場合には自ら航空艦隊司令長官拝受を御願ひし、その直率戦隊のみにても実施せんと決意せる次第にて御座候、その際にはやはり米内大将を煩はす外無からむと考居りし次第に候」と、再び米内の連合艦隊司令長官起用とともに自らの真珠湾攻撃直率を願い出ていたのである。

ただし、この嶋田への手紙を山本が記していたほぼ同時期に、真珠湾奇襲作戦の実施は山本の思惑通りに認められていた。しかしながら、そうして始まる対米戦そのものについては、山本の心に非常に複雑な思いも去来していた。そうした思いについて、十月十一日の堀悌吉への手紙において、(44)山本は次のように心の内を明かしていた。

大勢は既に最悪の場合に陥りたると認む、山梨さんではないが、之が天なり命なりとは情けなき次第なるも、今更誰が善いの悪いのと言った処ではじまらぬ話也
個人としての意見と正確に正反対の決意を固め、其の方向に一途邁進の外なき現在の立場は誠に変なもの也、之も命といふものか

しかし、こうした「天なり命なり」とは、山本自身がその海軍生活を通して、命題とし、検討を重ね、練り上げてきたアメリカとの開戦における海軍の作戦計画を、自らその最高指揮官として実行に移すということになったという運命をも指していたのである。

(1) 反町栄一『人間 山本五十六――元帥の生涯』(光和堂、一九六四年新版) 三九三頁。永野は、前年の第二次ロンドン海軍軍縮会議に全権として赴く際に、山本に随員としてその補佐を求めていたが、山本はこれを断っていた。
(2) 阿川弘之『新版 山本五十六』(新潮社、一九六九年) 一二二頁。高木惣吉『山本五十六と米内光政』(光人社、一九八二年) 四六頁。
(3) 大木毅『「太平洋の巨鷲」山本五十六――用兵思想からみた真価』(角川新書、二〇二一年) 一五〇〜一五五頁。長谷川甲子郎『山本五十六と民間航空政策――航空局の乗員養成と、その新潟養成所』(私家版、一九九五年) 三二一〜三三三頁。

（4）山本自身の陸軍航空に対する評価については、ある日の次官会議で東条英機陸軍次官が陸軍新鋭機の性能を並べ立てていたところ、山本次官は「君のとこの飛行機も飛んだか。それはえらい」とにこりともせずに発言していた、という痛烈な逸話がある。阿川『新版 山本五十六』一三四頁。

（5）防衛庁防衛研修所戦史室『戦史叢書 海軍航空概史』（朝雲新聞社、一九七六年）七三～七九頁。

（6）軍事史学会編『海軍大将嶋田繁太郎備忘録・日記Ⅰ 備忘録第一～第五』（錦正社、二〇一七年）一〇六頁。

（7）阿川『新版 山本五十六』一五六～一六〇頁。

（8）同右、一三二頁。

（9）『海軍大将嶋田繁太郎備忘録・日記Ⅰ』七六頁。

（10）井上成美伝記刊行会編『井上成美』（一九八二年）一四五頁。

（11）相澤淳「米内光政――終末点のない戦争指導」筒井清忠編『昭和史講義［軍人篇］』（ちくま新書、二〇一八年）一九七～二一四頁。

（12）阿川『新版 山本五十六』一三〇頁。

（13）小磯隆広『日本海軍と東アジア国際政治――中国をめぐる対英米政策と戦略』（錦正社、二〇二〇年）一〇二頁。

（14）相澤淳『海軍の選択――再考 真珠湾への道』（中公叢書、二〇〇二年）一九七～二〇四頁。

（15）同右、二〇四～二〇九頁。なお、この三国同盟締結に賛成した海軍首脳部が、米内首脳部から二代あとの及川古志郎海軍大臣以下の首脳部であり、その賛成はまさに四国連合構想のもとでの選択であったが、この同盟の締結は、その後の日本の対米英開戦を不可避にした転換点となっていくことから、こうした決定を下した及川首脳部の責任は、現在に至るも強く問われている。

（16）野村実『太平洋戦争と日本軍部』（山川出版社、一九八三年）一九四頁。

(17) この発言は、山本が海軍大臣官邸で開かれた海軍首脳者会議に出席し、瀬戸内海西部の連合艦隊訓練地に帰った後に、参謀長の福留繁に語った言葉である。福留繁『海軍の反省』(日本出版共同、一九五一年)六二～六三頁。
(18) 田中宏巳『山本五十六』(吉川弘文館、二〇一〇年)一四八～一四九頁。
(19) 野村『太平洋戦争と日本軍部』二二三～二二四頁。防衛庁防衛研修所戦史室『戦史叢書　大本営海軍部・聯合艦隊(1)開戦まで』(朝雲新聞社、一九七五年)四五八～四五九頁。
(20) 日本海軍航空史編纂委員会編『日本海軍航空史(1)用兵篇』(時事通信社、一九六九年)一二五頁。
(21) 相澤『海軍の選択』五九～六六頁。
(22) 波多野澄雄『幕僚たちの真珠湾』(朝日新聞社、一九九一年)三六～三九頁。
(23) 近藤新治編『近代日本戦争史　第四編　太平洋戦争』(同台経済懇話会、一九九五年)二〇二～二〇五頁。
(24) 日本国際政治学会太平洋戦争原因研究部編『太平洋戦争への道　別巻　資料編』(朝日新聞社、一九八八年版)四二七～四三六頁。
(25) 日本国際政治学会太平洋戦争原因研究部編『太平洋戦争への道　七　日米開戦』(朝日新聞社、一九八七年版)二〇四～二〇六頁。
(26) 波多野『幕僚たちの真珠湾』六〇～六二頁。
(27) 同右、二二九頁。
(28) 日本国際政治学会太平洋戦争原因研究部編『太平洋戦争への道　六　南方進出』(朝日新聞社、一九八七年版)二六五～二六六頁。
(29) 波多野『幕僚たちの真珠湾』五八～五九頁。相澤淳「太平洋戦争開戦時の日本の戦略」三宅正樹・庄司潤一郎・石津朋之・山本文史編著『日本と連合国の戦略比較(検証太平洋戦争とその戦略3)』(中央公論新社、二〇一三年）六六〜七六頁。
（30）秦郁彦「戦争終末構想の再検討――日米の視点から」軍事史学会編『第二次世界大戦（三）――終戦』（錦正社、一九九五年）二〇〜二二頁。
（31）池田清『海軍と日本』（中公新書、一九八一年）三〜六三頁。相澤淳「「勝算」の比較――日露戦争と日米戦争」『軍事史学』第二三巻第一号（一九八七年六月）五七〜六七頁。
（32）反町『人間 山本五十六』四四七頁。
（33）防衛庁防衛研修所戦史室『戦史叢書 ハワイ作戦』（朝雲新聞社、一九六七年）七九〜八〇頁。
（34）大分県立先哲史料館編『大分県先哲叢書 堀悌吉資料集 第一巻』（大分県教育委員会、二〇〇六年）三〇八〜三一一頁。『戦史叢書 ハワイ作戦』八二〜八五頁。
（35）相澤淳「『奇襲断行』か『威力偵察』か？――旅順口奇襲作戦をめぐる対立」軍事史学会編『日露戦争（二）――戦いの諸相と遺産』（錦正社、二〇〇五年）六八〜八三頁。
（36）『戦史叢書 ハワイ作戦』八五頁。これは、「戦備に関する意見」の山本自筆の控えに記されている部分からの引用である。
（37）同右。なお、山本の「大連合艦隊司令長官」構想などの連合艦隊改革については、木村聡『聯合艦隊――「海軍の象徴」の実像』（中公選書、二〇二二年）一四九〜一五四頁。
（38）半藤一利・横山恵一・秦郁彦・戸高一成『歴代海軍大将全覧』（中公新書ラクレ、二〇〇五年）三二一〜三二二頁。
（39）『戦史叢書 ハワイ作戦』九〇〜九二頁。
（40）同右、一〇七頁。
（41）同右、一一四頁。

(42)富岡定俊『開戦と終戦――人と機構と計画』(毎日新聞社、一九六八年)九一~九二頁。
(43)『大分県先哲叢書　堀悌吉資料集　第一巻』三五四~三五六頁。
(44)同右、三二八~三二九頁。

終章　第二のペリー来航

開戦後の見通し

山本の海軍次官時代に逓信省航空局長としてともに日本の航空戦力強化に励んだ小松茂は、真珠湾攻撃による日米開戦の一ヵ月前に山本に会っていた。小松はそのときの様子を戦後に次のように回想している。

山本さんだって戦争したいとは思っていなかった。戦争をしないで済めばそれにこしたことはない、戦争したってあと始末をしてくれる人がいなければばし甲斐がないということをしきりに言っておったですよ。日露戦争のときは海軍には山本権兵衛《やまもとごんべえ》という人がうちにいて、しっかりうちをまとめてくれたので日本海の大合戦なんかやってもあとの締めくくりがついたからよかったのだ、あとの締めくくりを考えないで戦争をやる、そんなばかなことはできないと言っていた。ほんとうに予言でもないけれども的中したのを実に不思議に思っているが、戦争のほんとうの終息をやったのは鈴木貫太郎さんでしょう。ところが鈴木貫太郎さんが一番偉いと山本さんは言っておったですよ。海軍では日露戦争の山本権兵衛さんのやったようなことをやれる人は、しいて言えば鈴木貫太郎さんくらいのものじゃないかと思うということを言っておったですがね。それはハワイに行く一カ月前、最後に僕が会ったときにそういうことを言っていた(1)

そうした戦争指導に当たる日本の政治的リーダーの不在について、山本はこの一年近く前の段階でも、彼を慕った右翼の笹川良一《ささかわりょういち》に次のような手紙の一文で、その憤懣遣る方なさをぶちまけていた。

日米開戦に至らば己目ざすところ素よりグアム比律賓《フィリピン》にあらず、将又布哇桑港《サンフランシスコ》にあらず、実に華府街頭白亜館上の盟ならざるべからず、当路の為政家は果して此本腰の覚悟と自信ありや(2)

この手紙を笹川に送った時期(一九四一年一月)は、山本が真珠湾攻撃の計画立案を本格化させた頃に重なるが、そのときの日本における為政者の筆頭が、首相の近衛文麿《このえふみまろ》であった。そして、山本はその近衛と一九四〇年の秋から翌年の秋にかけて複数回の直接会談の機会を持ち、その際、近衛から日米戦争となった場合の海軍の見込みを問われ、「それは是非やれと云はれれば初め半歳か一年の間は随分暴れて御覧に入れる。然しながら二年三年となれば全く確信は持てぬ[3]」と答えていた。実際、山本は米英との戦いとなった場合の日本の持続力については「一年半しか持たない[4]」と考えていたようで、それは開戦半年前の陸海軍統帥部の悲観的な結論と違いはなかった。それだけに近衛との会談における山本の発言には、日米戦回避のための外交努力・政治的解決を求める真意があったとされている。ただし、「一年は戦える」といった近衛に対するこの発言は、戦後、井上成美によって「何故山本さんは、海軍は対米戦争をやれません、やれば負けます、それで長官の資格が無いと言われるなら、私は辞めますと、そう言い切らなかったか」と批判をされることにもなる[5]。しかし、ともかくも山本のこの半年から一年という戦いの見込みは、日米開戦以降、現実化することになった。

一九四一年十二月八日の機動（空母）部隊による真珠湾奇襲で始まった日本海軍の戦いは、二日後の「中攻」部隊によるマレー沖海戦を経て、米英の主力艦隊（戦艦部隊）をまず壊滅させた。そして、その後南方資源地帯の占領を終わる頃には西太平洋からインド洋にかけて連合国側の海軍・艦隊をほぼ駆逐することに成功していた。しかし、まさに「半年」後の一九四二年六月初めに戦われたミッドウェイ海戦において、「随分暴れた」日本の機動部隊は主力空母四隻を失うことになり、その後再び日本海軍が当初の勢いを取り戻すことはなかった。続く八月の米軍のガダルカナル島上陸によって始まったアメリカの反攻に対しては、激しい争奪戦の末に、日本軍は十二月末の段階でガダルカナル島からの撤退を決定する。真珠湾からほぼ「一年」を経たところで、日本軍は一つの限界点に達していたと見ることができるのである。

最後の戦い

もちろん、山本の戦いは一年で終わるものではなく、ガダルカナル戦を通して始まったソロモン諸島上空の航空決戦で、その正念場を迎えることになっていた。日米の戦いは、かつて井上が「新軍備計画論」で予言したような「太平洋上の要地争奪戦」の様相を呈しつつあり、そこでは「航空兵力による制空権の確保」こそが、戦いの勝敗を決する状況となっていたのである。しかし、山本は、ガダルカナル戦が始まって二ヵ月が過ぎた一九四二年十月初めに、郷里の同級生・目黒眞澄に送った手紙で「日米両海軍は漸く本格戦期に入り、角力ならば丁度観頃」に入ったとしつつも「何しろ各種艦艇を次から次へ失いながら、ビクともせざる如き彼は、国力、国民気力に於て鞏強と見て可然哉」と弱音ともとれる本音を漏らしていた。(6) また、翌十一月にはトラック諸島に進出していた連合艦隊旗艦「大和」を訪ねた第八方面（ラバウル方面）軍司令官の今村均《いまむらひとし》陸軍中将に対し、ソロモン方面で続くアメリカとの航空戦について、「敵の補給力が強大で、残数の懸隔が日増しに酷くなり」、「率直に言って苦戦している」と語り、(7) 技能的にも日本側が劣勢となっていることと合わせて「僕のように海軍航空に最も多く関係してきた者は、大きく責任を感じている」[8]と語っていた。今村と山本は佐官時代からのブリッジ仲間で、陸海軍の垣根を越えた隠しだてのない会話ができる関係であった。

年が明けて一九四三年一月、山本はこうした事態の悪化について、横須賀鎮守府司令長官となっていた古賀峯一にも、以下のように書き送っていた。

ラバウルで出撃を見送る山本五十六（毎日新聞社提供）

世界情勢も我作戦も、追々かねて心配せし態勢と相成、遺憾の次第にて御座候

当方面も目下最悪の状況を呈し、之が収拾には一段の惨状と非常の犠牲とを可生も、今更愚痴を申しても追いつかず[9]

この年の四月初め、苦戦の続く航空戦の陣頭指揮のため、山本はトラック泊地の旗艦「武蔵」からラバウルの地上基地に将旗を移した。そして、その作戦（い号作戦）終了後の四月十八日、前線の兵士の慰労を兼ねた視察の途上で、暗号解読により待ち伏せをしていたアメリカ戦闘機により、乗機であった「中攻」が撃墜され、山本は戦死したのである。

もとより、このときの山本にはすでに決死の覚悟はあったと思われる。そうした決意について、かつて、山本は反町栄一に次のように語っていたという。

山本は平素から死ぬことを嫌わぬ。何時でも死ぬということを全軍の将兵が知ってくれる。同時に山本も全軍の将士に対し決死の覚悟を要求している。米国は侵略国である。日本は生きるか死ぬかの境にあるから必ず勝たねばならぬ。きっと勝って見せる。自分は覚悟している。決していばる意味でも何でもない。山本の命は国に捧げたのだから君達の命も俺にくれと平素部下に諭している[10]

この必ず勝たねばならない「侵略国」アメリカとの戦争で、山本の「きっと勝って見せる」という悲願はついに果たされることなく終わったのである。

真珠湾の代償

四月十八日の山本の前線視察の情報は、前日にアメリカ側によって暗号解読され、ワシントンのフランク・ノックス海軍長官のもとへ届けられていた。その情報に示された山本の行動予定を見たノックスは、「山本大将は、日本海軍の総指揮官であり、真珠湾攻撃の張本人である。米国海軍は一人残らず彼を憎んでいる」「もし山本大将を殺せたら、これはまたとない仇討ちとして米国民への最上の贈物になるのではなかろうか？」との考えに傾いていき、陸軍航空軍司令官のヘンリー・アーノルド大将を呼び、直ちに山本機迎撃作戦の検討に入った。二時間の検討を経てこの作戦の実行は決定され、ガダルカナル島のヘンダーソン基地には極秘電で「P38第三三九戦闘隊は四月十八日朝、いかなる犠牲をはらうとも山本提督および幕僚を待ち受け撃破せよ」との命令が下された。その命令にはとくに「山本提督の極度の時間正確さ」が強調される一方、「大統領が本作戦をとくに重要視している」旨も記されていた。[11]

山本五十六の国葬でマイクに向かう米内光政葬儀委員長（朝日新聞社提供）

しかしながら、アメリカ側は、この山本「撃殺」作戦が見事に成功したにもかかわらず、そのニュースを公表しなかった。その理由として、アメリカが日本の暗号を解読している事実を悟られないようにとの配慮もあったが、いずれにしてもアメリカ国民が山本の死を知るようになったのは、五月下旬に日本側がその戦死について「四月前線に於て全般作戦指導中、敵と交戦、飛行機にて壮烈なる戦死を遂げたり」とニュースで公表したことからであった。したがって、その後、アメリカ国内では山本の死について「いつ、どこで、

長岡に里帰りした山本五十六搭乗機の左翼（山本五十六記念館提供）

どのように」とのさまざまな憶測が流れる結果となり、ニューヨーク・タイムズ紙上では「彼はまともに戦死したのではなく、負傷したのちに死亡したものとみられる」と報ぜられ、また、多くのアメリカ市民は「山本は飛行機事故で死んだ」とすら考えるようになっていた。[12] すなわち、山本「撃殺」作戦の実相は、アメリカ国内において封印されていたのである。

　しかし、アメリカ海軍、およびアメリカ政府（大統領）にとってのこの作戦は、やはり「真珠湾攻撃の張本人」としての山本個人に向けられた復讐劇だったと言っても過言ではないだろう。アメリカ側には、いまだ真珠湾で受けた大きな屈辱が残り、そしてまた、その攻撃が無通告でなされたということへの怒りも渦巻いていたであろう。もっとも、真珠湾奇襲攻撃が無通告で始まった点に関しては、当初の計画では、真珠湾攻撃開始の三〇分前にワシントンにおいて日米交渉の打ち切り通告が手渡されることになっており、それが日本の外交当局の「失態」によって攻撃開始後に大きく遅延（約五〇分後）したという問題があった。これは山本の責任外の問題であり、そしてまた、山本はこうした「騙し討ち」を決して潔しとはしていなかった[13]。しかし、この真珠湾攻撃自体を周囲にあった多くの反対を押し切って断行したのも、また山本に他ならなかったのである。

海軍士官としての山本の生涯は、日本海軍が日露戦争後にアメリカを仮想敵とし、その後、建艦競争、軍縮問題などを経て対立への道を辿り、最終的には開戦となり矛を交えることになったという、まさにその時期に一致する。山本は、この期間を通して、二度のアメリカ駐在を経験しつつ、日米開戦となったら、いかにそのアメリカ海軍と戦うかという日本海軍の「任務」に忠実に向き合い、最後にはその最高指揮官として、自ら信じるところの航空戦力を投入して日米開戦に臨み、力及ばず戦場に散った、一海軍軍人として位置づけることが可能であろう。軍縮交渉の帝国代表や海軍次官という軍政家として優れた手腕を発揮したとされる勤務時においても、仮想敵国として対抗すべきアメリカという存在に変わるところはなかった。そして、そうした山本の対米認識の根底には、やはり、ペリー来航によって起こった故郷長岡の悲劇があり、そのペリーに象徴される「アメリカの正義」の押し付け（マニフェスト・デスティニー）への敵愾心もあったように思われる。

冒頭に掲げたアメリカ人作家ウィラード・プライスによる「アメリカ第二の敵・山本」では、そうした山本の真珠湾攻撃へと至る姿を、その幼少期以来の「アメリカへの怨念」の権化として描き出していたが、もちろん山本は日本海軍のなかで対米強硬論一辺倒の軍人だったわけではない。山本は、アメリカと戦争になった場合の日本の力の限界を十分知りつつ、その戦いに身を投じた軍人であった。プライスは、そうした複雑な山本の対米認識について、その原点にペリー来航への憤懣があったことを、図らずもアメリカ国民と後世の人々に伝える役割を果たしていたことになるのかもしれない。

ペリーの星条旗

山本五十六が戦死を遂げてから二年の歳月を経て、一九四五年四月初めに鈴木貫太郎内閣が成立した。この内閣は、その後紆余《うよ》曲折を経ながらも、七月下旬に連合国側から発せられたポツダム宣言を受諾し、日本を終戦へと導いた。この終戦への過程で、鈴木首相を強く支えた閣僚の一人が、現役に復帰し、海軍大臣となっていた米内光政であった。山本が私淑し、強い信頼を寄せていたこの鈴木と米内という二人の海軍の先輩を中心にして、日本の戦争の「後始末」が付けられたのである。

こうして終戦を迎えた日本は、連合国の占領下に置かれることになり、その軍政を担う連合国軍最高司令官に任命されたのがダグラス・マッカーサー元帥であった。マッカーサーは、日米開戦当時、アメリカ極東陸軍司令官としてフィリピン防衛の任にあったが、山本の計画した真珠湾奇襲によるアメリカ艦隊の壊滅的被害は、そのフィリピン防衛をも不可能にする驚愕の事態となった。そして、この事態は、マッカーサーに命からがらのフィリピンからの脱出という屈辱をも与え、オーストラリアまで下がったその後のマッカーサーの戦いは、フィリピンの奪還と、そして何より日本軍の打倒に向けられた。

一九四五年七月初め、フィリピンの奪還を完了したマッカーサーは、日本進攻計画を進めるなかで、八月十五日の日本降伏をマニラで迎えた。その半月後の八月三十日、愛機「バターン」号でマッカーサーは厚木に乗り込み、日本占領の第一歩を印し、仮総司令部を置く横浜の「ホテルニューグランド」に入った。日本降伏文書の調印式は、九月二日に東京湾の米戦艦「ミズーリ」艦上で行われた。ミズーリはトルーマン大統領の出身州でもあったが、マッカーサーはこの調印式に一つの歴史的演出を施していた。

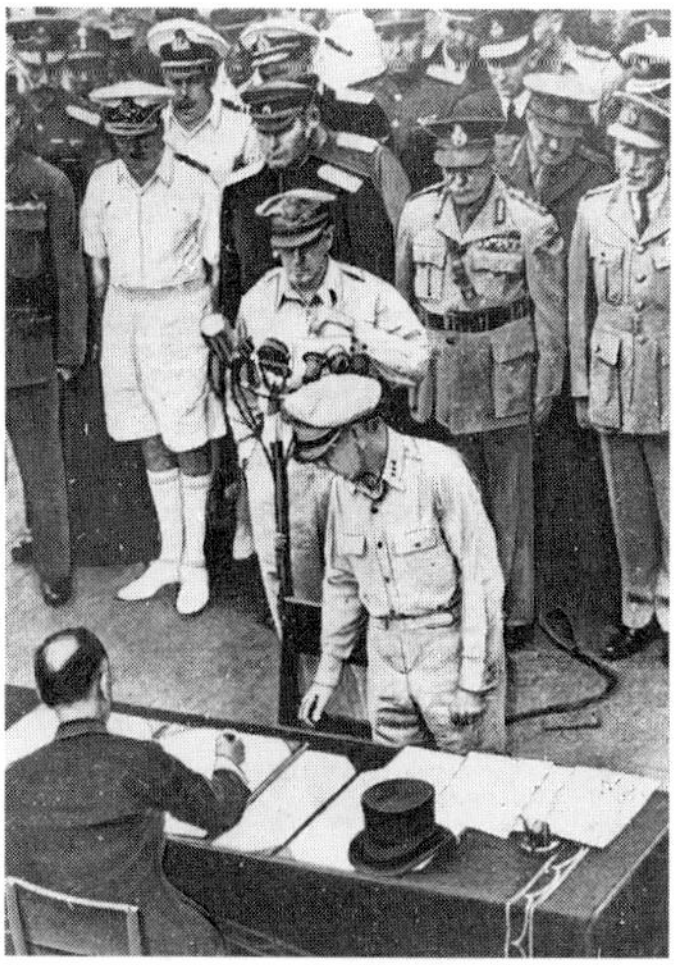

ミズーリ号上の降伏文書調印式でのマッカーサー元帥（朝日新聞社提供）

「ミズーリ」が停泊した場所は、横浜の小柴《こしば》沖で、そこはかつて日本に開国を強要したペリー艦隊が錨地《びょうち》と定め、停泊した場所であった。さらにマッカーサーは、そのときペリー艦隊の旗艦に掲げられていた星条旗をわざわざアメリカ本土から運び込ませていて、「ミズーリ」艦上の降伏文書調印式場に掲げていた。そして、マッカーサーは、調印式のスピーチで次のように語りかけた。

きょうの私たちは九十二年前の同胞、ペリー提督に似た姿で東京に立っている。ペリー提督の目的は日本に英知と進歩の時代をもたらし、世界の友情と貿易と通商に向って孤立のベールを引上げることであった。しかし恐ろしいことに、それによって西欧の科学から得た知識は弾圧と人間奴隷化の道具に利用され、迷信と武力に訴えることによって言論の自由、行動の自由、さらには思想の自由までが否定されたのである。

私たちはポツダム宣言の諸原則によって、日本国民もこの奴隷状態から解放することを約束している。私の目的は、武装兵力を解体し、その他戦争能力を消滅させるのに必要な手段をとると同時に、この約束を実行に移すことである。(14)

マッカーサーは、明らかに自身をペリーに擬《なぞら》えていた。山本五十六の真珠湾奇襲によって火ぶたが切って落とされた日本とアメリカの戦いは、このマッカーサーによる「第二のペリー来航」という舞台演出の場において、その幕を下ろしたのである。

（1）航空局五十周年記念事業実行委員会編刊『航空局五十年の歩み』（一九七〇年）一三五～一三六頁。
（2）大分県立先哲史料館編『大分県先哲叢書　堀悌吉資料集　第一巻』（大分県教育委員会、二〇〇六年）三二三頁。
（3）近衛文麿『失われし政治』（朝日新聞社、一九四六年）四七頁。
（4）反町栄一『人間 山本五十六――元帥の生涯』（光和堂、一九六四年新版）四四六頁。
（5）阿川弘之『新版 山本五十六』（新潮社、一九六九年）二四七頁。
（6）森山康平『山本五十六は何を見たか』（PHP研究所、二〇〇五年）二四三〜二四四頁。廣瀬彦太編『山本元帥前線よりの書簡集』（晴南社、一九四三年）二〇五頁。
（7）水交会編刊『帝国海軍提督達の遺稿――小柳資料』上巻（二〇一〇年）二五六頁。
（8）楳本捨三『提督 山本五十六――その昭和史』（宮川書房新社、一九六八年）二六〇頁。
（9）『大分県先哲叢書 堀悌吉資料集 第一巻』三四四頁。
（10）伊藤金次郎『山本元帥言行録』（春陽堂書店、一九四三年）一四九頁。
（11）ジョン・D・ポッター（児島襄訳）『太平洋の提督――山本五十六の生涯』（恒文社、一九九七年）二五七〜二五九頁。
（12）同右、二六三〜二六四頁。
（13）反町『人間 山本五十六』四七六頁。阿川『新版 山本五十六』二七六頁。
（14）ダグラス・マッカーサー（津島一夫訳）『マッカーサー大戦回顧録』（中公文庫、二〇〇三年）三九二〜三九三頁。

あとがき

山本五十六という人物に関心を持つようになったきっかけは、二〇年前に刊行となった拙著『海軍の選択――再考 真珠湾への道』（中公叢書、二〇〇二年）の「あとがき」でも記したとおり、一九七〇年に封切られた日米開戦をめぐる映画「トラ・トラ・トラ！」で描かれた連合艦隊司令長官としての山本像に衝撃を受けたことにあった。この「最も勇敢に戦争に反対しながら、自ら対米戦争の火蓋を切らなければならなかった」という軍人像は、その後、本書のなかで何度となく引用した阿川弘之『新版 山本五十六』（新潮社、一九六九年）を読むに及んで、中高生であった自分の心に焼き付いていった。そして、戦後の日本で広く受け入れられていった「本来日本海軍は対米協調主義だったのであり、戦争（対米開戦）には反対であった」という「通説」も、こうした山本への解釈が一つの「象徴」としての役割を果たし、展開していたように思われる。しかし、時を経て大学・大学院で学んだ近代日本の政治・外交・軍事に関する知識を通して考えるなかで、その山本像を含む海軍の「通説」は疑問の対象となっていった。そして、敢えてその「通説」に反論を試みたのが前著『海軍の選択』であった。

前著の出版後、最初にその原稿に目を通していただいた中央公論新社の吉田大作氏と、その後に出版の担当者になっていただいた麻生昭彦氏とで酒を酌み交わす機会があり、その席で、今度は山本五十六についての本を書く、と半分酔いの勢いで宣言していたらしい。「らしい」というのは、それから二年ほどしてのことだったろうか、吉田氏から山本について書き上がったものがあったら見せてほしいとのお話があったからである。もちろん、海軍の対米協調姿勢に疑問を呈した以上、そのなかで山本をどう位置づけるのか、という問題意識は確かなものとして心のなかにあった。しかし、肝心の書き進めた原稿はそのときほとんどなく、ただお茶を濁す返答しかできなかった。それでも、その後に職場の防衛研究所戦史部（現・戦史研究センター）で新たにかかわった元海上幕僚長・中村悌次オーラルヒストリーの出版化の原稿を吉田氏に持ち込んだり（中村悌次『生涯海軍士官――戦後日本と海上自衛隊』中央公論新社、二〇〇九年）、『中央公論』誌上に山本に関する論考（「山本五十六は〝真珠湾後〟をどう見通していたか――史料で辿る対米観」二〇一一年十二月号）を発表する機会をいただいたりしたが、肝心の山本についての原稿は、一冊の本としてまとまるまでには至らなかった。

そうこうしているうちに、二〇一七年春に筆者は防衛研究所から防衛大学校へと職場を転じ、心機一転、原稿の完成は可能になるとなぜか楽観していた。しかし、職場環境の変化、とくにそれまでの研究職から教育職という毎週授業を学生に展開する業務に想像以上に戸惑い、そして明らかに通勤距離が遠くなったという愚痴を妻に繰り返すような毎日で、目標は本の出版から、とにかく職場の紀要への論文投稿へと戦線縮小した。その論文が、本書の第三章につながるものになるのだが、その投稿を準備している最中に、博士後期課程（総合安全保障研究科）に入学した学生の論文指導を担当することになった。その学生と面談をするなかで「現在、中公の吉田大作さんからのお声がけで、連合艦隊についての本を執筆中です」という話が出てきた（木村聡『聯合艦隊――「海軍の象徴」の実像』中公選書、二〇二二年）。そこでこの学生から再び聞き出した中央公論新社の連絡先に自身の紀要への投稿論文を送ったのが、本書完成の「何度目かの正直」になるきっかけとなった。何故にここまで長々と二〇年に及ぶ出版経緯を記してきたかというと、まずは吉田大作氏に御礼を申し述べたかったからである。そして、同氏には本書の完成に至る編集過程でも、様々な観点からのアドバイス、ご提案、そして励ましをいただいた。

本書は、ペリー来航まで遡った日米関係のなかで、山本五十六の対米認識に焦点を当てつつ、真珠湾に至るまでの経緯を辿ることを中心テーマにしている。そうしたペリー来航以降の戦前の日米関係について、最初に深く学ぶ機会となったのが、大学院時代の指導教授であった三輪公忠先生による「国際関係史」のゼミであった。日米が衝突へと至る経緯を相互イメージの観点から解き明かす先生の視点は、院生であった当時の筆者にとって新鮮なものであり、またそうした日米関係に深くかかわった外交官・松岡洋右に焦点を当てたご研究も強く印象に残るものであった。その松岡に関するご著作（三輪公忠『松岡洋右――その人間と外交』中公新書、一九七一年）こそが、今回、山本五十六という一軍人を日米開戦へと至る過程のなかで位置づけようと試みた本書のモデル、あるいは目標になっていたことを、今更ながら気付かされている次第である。また、本書のテーマの核心を突く序章冒頭で掲げたウィラード・プライスのエッセイも、三輪先生からそのコピーをいただいて、その存在を知ったものであった。

日本近代の政治・外交・軍事史について、大学の専門科目として初めて本格的に学んだのが、戸部良一先生の講義「政治外交史」であった。国際関係論専攻の受講科目のなかでは、戦前日本の歴史は地味なものに感じられたが、まじめな聴講学生であったと自負している。期末の試験問題は「ワシントン体制について述べよ」だったと思うが、そこそこ十分書けたと思っていたところ、評価は「B」であった。なんとも釈然としない結果であったが、教室事務の担当者から「戸部先生の授業では高い評価で、滅多にありませんよ」と褒められたことを、複雑な思いとともに鮮明に覚えている。戸部先生には、その後、卒業論文でご指導を賜り、そして、卒業後も仕事を辞めて大学院進学に進路変更した際に親身に相談に乗っていただき、さらに前著『海軍の選択』の原稿を吉田氏に取り次いでくださったのも戸部先生であった。今回の本書の出版も、二〇年前の前著出版直後の「大切なのは次作ですから」という発破をかけるお言葉がなかったならば、実現していたかどうか覚束なかったと思う。

本書の執筆は、新旧二つの職場における恵まれた研究環境に多くを負っている。この間、多くの先輩・同僚諸氏にお世話になった。また、これまで筆者が所属した軍事史学会をはじめとする関連学会、種々の研究会等でも、多くの先生方や様々な分野の研究者の方々に、ある時は研究会の席上で、ある時は事後の懇親や雑談の場で、またある時は、海軍史跡をめぐる研修旅行・体験航海等のなかで、多くのご教授、ご示唆、そして何より研究に向かう刺激を受けた。厚く御礼申し上げたい。

最後に、私事であるが、現在九十三歳になる母が郷里仙台で暮らしている。亡父によれば、母は前著出版の際、市内のあちこちの書店を回って息子の本を買い求めていたということである。その母に本書を捧げる。

相澤　淳

二〇二三年一月　小原台の研究室にて

資料

これら意見書・メモ等は、山本五十六自身がロンドン会議の際に記したものである。

山本が封書に入れ、一九三四年九月に軍務局長となった同期の吉田善吾に「吉田転任の場合は級友へ」との但し書きを付けて預け、その後、同じく同期の堀悌吉の保管するところとなり、現在はそのコピーが防衛研究所戦史研究センターに所蔵されている。

山本のロンドン海軍軍縮条約への憤懣を知る上で興味深い資料である。

なお、読みやすさに鑑み、漢字は常用漢字とし、読みやすくするため、仮名は「カタカナ」を「ひらがな」に改め、句読点を適宜入れるなどしている。

（協力　鹿島晶子）

山本少将より預り（九、九、一三）
（吉田転任の場合は級友へ）｝封書内容

○会議対策私見……三月十日　若槻全権に進言
○財部大臣に進言……四月二日
○　〃　……四月九日
○山本より軍務局長宛電報原稿……三月十七日着
○倫敦会議の経過に鑑み所見（四月二十日印度洋上にて）
○請訓に至りし事情及爾後の経過に関する報告〔昭和五年四月
中村海軍々令部参謀〕

会議対策私見　三月十日　若槻全権に進言　〔グロブナー・ハウス・ホテル用箋に縦書き〕

一、大勢

（一）現下の情勢に於て最注意を要するものは英米の対日態度にあらずして右両国の対仏態度にして、速に探索を要するもの先づ英米と仏国との交渉の真相より急なるはなし。彼は日仏個々撃破を企て先づ日を圧せしも、成らざる内に仏既に到り「ブ」氏□出に立つ。

（二）対仏国の政治的交渉、即ち地中海協約に関する英米の態度が仏の要望に添ふが如き情勢にあらざる限り、兵力保有量に関する真の行詰りは英仏の間に生ず。蓋し仏国としては此の協約成立に対し英（米）の好意的態度を見ざる限り、理論に立脚して彼が宣言せし兵力量七二万余噸に就き其の著しき低減を受諾するの理由を見ざればなり。

「然るに今迄に知り得たる諸般を綜合するに英米国の該協約に対する態度は概ね知るべき処、即ち米英国の対仏態度より大に探知を緊要とす。」

次に英国が之に好意を示したる場合の仏国の態度を忖度するに、仏国は一九三六年迄に於ては相当建造〔以上四行抹消〕

万一英米の態度が仏国を略々満足せしむるに足る場合には、仏国としてはある期限、仮令は一九三六年迄と云ふが如き期間内に於ては相当建造の差扣〔差控〕をなすものと察せらる。

但し潜水艦に於ては大型主張の関係等を考察するに八万噸以下に退去するものとは到底判断し得ず。
(三) 右の如くして仏国の兵力量に対する態度略々明かなるに至りはじめて真面目に日本の最后の態度を考慮するも決して時機を失するが如きことなし。
(四) 若し英米対仏は政治的協約の望なく仏が強硬に保有量を主張する場合には、会議は成立に至らず仏は脱退に至るべし。
仏脱退すれば伊亦然り。此の場合三国の協定を試むる順序となるべきが此の場合〔以上四字抹消〕其の結果日本は英米の強き圧迫を受くべしとなすは短見も甚だし。

日本は仏ありと雖之にたより我兵力量の要求を貫徹せんとするが如き他力主義は現下と雖之を有すべからず。仏が脱退せんか寿府当時と異り既に仏は其の常備兵力量を公表せるのと同様の今日なれば、英国は決して英米仮協定の試案等の何れの案を以てしても満足すること国内的に現に大困難也。殊に仏の潜水艦十万トン、八吋砲十二隻に対しては頑□〔以上二字抹消〕非常なる難境に立たざるべからず。

先づ仏の潜水艦十万トンに対し米〔以上一字抹消〕英は自分の潜水艦六万六千トンを増加するか又は駆逐艦を二十万程度より多く減少し得ず。

八吋砲に関しては日本の八吋十二万八千噸に苦情をつけながら仏の十二万トンを黙認すること能はず。

結局英兵力量は必ず増大を見るに至るべし(然らざれば国論収まらず)。従て米の増大を見るべく、斯くては又英米共に国内的に批難の的となるべく、結局は一九三六年迄の暫定的諒解を以て建造量を互に制限するの方途に出づるの外なし。而してせめてもの土産として戦艦（航空母艦は英米の意見纏まらず無理）の建造延期と五―三―一の廃棄位にて休会となるの外なかるべし。

（五）万一仏が英米の態度に満足し兵力量の低下を承認する場合如何なる程度迄退却するかに関し、仏新聞記者間には精々五万トン程度と称し英米は二十万程度の減少を要請し居るとの情報を得居れる模様なるが、此の両案に於て既に大なる逕庭あり。且潜水艦に於ては極めて僅少の減少の外望なしとすれば程度こそあれ会議の Dead rock は又英米―仏間にありとなし大過なし。従て此の比較的有望なる場合に於ても会議の成立に関しては寧ろ悲観的に考へざるべからず。

（六）最后に英米の日本に対する態度を見るに、万一彼等が最后迄今日の如き程度と態度に蠢動し居れりとせんか是れ亦会議を纏めんこと甚困難なり。

思ふに帝国より提案すべき最后案ありとするも其の範囲は決して大なる能はず。これ帝国の主張は元来軍〔以上一字抹消〕兵術的見地よりすれば何等の駆引もなく実に海軍当局の思ひ得る最少限度の国防兵力量（比）にして且国論の強き後援を得つゝある今日なれば決して理由なき妥協〔以上二字抹消〕政治的退却は為し能はざる際なればなり。

現訓令は寿府□□案の□を□るも□□なり。

（七）日本が〔以上三字抹消〕会議の成立の見込なき場合日本が此儘従来の主張を声明しつゝ退去すると成立の見込なくも妥協の誠意を示す一案を提示するの利害。

妥協案の害（永久）
{信を内外に失す。
日本の主張に無理があったことを自供することゝなる。
将来の交渉に永久に悪影響あり。

利（一時）
英米の国論を一時的にやゝ緩和す。

二、結論

（一）会議〔以上二字抹消〕兵力比（量）を纏めるなら此会議は（比較的）有利なり。しかし批難のキケン考ふべし。

（二）会議の情勢は悲観的なり。但し仏の態度に依り決裂の〔以上三字抹消〕近日中に情勢更に略明瞭となる。

（三）日本は仏の態度の定まる迄動かず（此点に関し全□不動の態度は恰も東郷が日本海戦の前我□して□□不動ざりしと同様□上□□同□あるものと□□なし得ば最も□□□）。専ら一角の撃破につとむ。但しあせるべからず。夫れ迄兵力量を深く攻究するも無用なり。たゞつなぎにするは別也。

（四）纏まる見込なければ妥協の片鱗をも示さず。

（五）纏まらずとするも、

戦艦の処置、一九三六年迄の建造量の概要でも発表することとす。艦型備砲等纏め得るものは決定し一九三六年迄は之を守ることとす。

少くも米専門家と我専門家と会見の上我主張に兵術上より異見あるや否やを論議し見る。尚六吋と八吋の問題等に就ても米の真意を確めたし。

（六）英米が日本の七割を受諾したりとせば（仏の兵力量の見当つきたる上）最后案を考慮す。訓令の範囲にては纏まらずとは考ふ

（七）最后案は兵力量に関るものに相異なく私個人として今考量し居る程度に於てもあらかじめ政府に請訓（所信を開陳して同意を求む）するの要あり。

最後案は英米〔以上二字抹消〕寿府日英妥協案（八吋英米十二、日八万、潜水艦六万パリチー、総括的六割九分弱）よりBetterを要するなり。

（八）最后案電報の時機は漏洩するも差支なき覚悟なることを要す。

「昭和四～五年　ロンドン海軍条約拾遺　海軍省軍務局長堀悌吉」（①軍備軍縮61）

四月二日口頭進言（対財部全権）

山本以下随員多数の意見と思考する所に従ひ、敢て一言を呈す。

一、回訓の内容は、大臣の御所見並吾人の卑見に比し相距ること頗る遠し。

二、大臣の此際執らるべき態度は、左の三様を出でず。

（一）回訓を英米に交付するに先ち、今一応意見を政府に致さるるか。

（二）回訓を広義に解釈して大臣の所信を断行することを、他の全権に求めらるるか。

（三）任を辞し直に皈朝さるゝか。

三、何れにせよ、大臣の出処進退は、公明にして且断乎たるを要す。

会議の敗戦に於て〔以上二字抹消〕臨み、其の最后の名誉を留むる唯一の途は、唯々大臣の進退其の節に合し、「海軍尚未だ我を欺かず」との事実を国民に示すに在り。

四、命令一下、海軍随員は尚奮闘、最終の難局に処するの用意と覚悟とを有す（終）。

「昭和四～五年　ロンドン海軍条約拾遺　海軍省軍務局長堀悌吉」（①軍備軍縮61）

〔欄外〕本件安保大将、左近司中将に事前内談し、其の同意を得たり。

昭和五年四月九日海軍大臣に口頭進言の要旨

山本少将

潜水艦問題に関する件

駆逐艦より潜水艦への融通問題は愈々本日の三国全権会議に於て審議せらるることに決定の趣なる処、所謂三国妥協案が帝国の国防上に及ぼす最大の欠点は潜水艦保有量の過少なるに在ること謂ふ迄もなし。而して今日に至り之を救済するの途は唯融通方法に依るか或は三国一律に其の保有量を増加するか外なきは勿論なり。

万一今後の会議に於て右両途の何れをも認められざらむか独り海軍々令部に於て新なる紛糾を生ずるのみならず全海軍に大なる衝動を与へ士気の上にも影響を及ぼすべく、海軍大臣は勿論政府の立場をも頗る困難ならしめ、折角纏まらんとする今次妥協案の処理に関聯して不祥事を惹起し延ては帝国の内政上並国交上重大なる結果を招来するを深く憂へざるべからず。而して今や此の最後の解決は一に懸て海軍大臣の双肩に在り。

曩に海軍随員一同が戦機漸く到り、全権が巨腕を揮はるべきの日近きにありと期待しつゝありし際、突如として請訓の発電を伝へ聞くや憂心真に措く所を知らず、終に赤心を披瀝して全権に直訴するの事態を生ぜり。而して情勢日に非なるを見るや、海軍大臣は自ら深く決せらるる所あり。所信を政府に致して敢て其の勇断を促がされたり。然るに政府は海軍当局の苦衷に殆ど聴く所なく、主務大臣の意見をも重視するに至らず、海軍の到底同意し難しとする回訓の発電を敢行せり。

回訓当地に達し、海軍随員一同其の趣旨を伝達せらるるや、憤懣失望更に其の度を加へ、大臣決意の表現は正に此の秋に在りと絶叫するに至れり。然れども熟々惟るに若槻全権に既に闘志なき今日、此の難局に直面して最後の地歩を確守し、以て帝国々防の欠陥を最小に留〔以上一字抹消〕止めんとするに足る者、実に海軍大臣を措て他に之を求むべからず。此の重大任務に対し、渾身の智勇を傾注し至誠を吐露し目的を貫徹せらるることは、大勢を既裂〔以上一字抹消〕倒に挽回せんとする最難の事項にして、財部大将五十年の永き公生涯中君国に尽さるべき最大の忠節と信ぜしが故に、特に大臣の御自重を懇請し、同僚一同亦互に自制奮励を誓ひ、各々其の最善を尽して今日に至れり。

本日愈々潜水艦問題の三国全権会議に上程せられむとするを聞き、憂慮新に肺肝を衝くを覚ゆる〔以上四字抹消〕と共に、大臣の悲壮なる御覚悟に想到して感慨殊に深く、茲に更めて一同の真情を上達して、閣下の断乎毅然たる御決心を希ひ、併せて最後の御健闘を懇願して已まず。

帝国潜水艦保有量の最少限度を六万五千噸とし、之を最後案として飽迄確守奮闘を要す。（終）

「昭和四～五年　ロンドン海軍条約拾遺　海軍省軍務局長堀悌吉」（①軍備軍縮61）

〔欄外〕三月十四日請訓后□

軍務局長宛　極秘親展

山本少将

三月一七―前四―三〇発　㊀川口

昨十五日タイムス〔以上七字抹消〕今英紙上に日英米三国間に諒解略成れる旨を報じ十五日タイムス紙には略米案に近き数迄掲載せられたるのみならず、一方我全権□□□側〔以上四字抹消〕部職員中にさえ之を肯定するが如き口吻あり。海軍随員中〔以上三字抹消〕少壮随員一同は事態の極めて重大なるを感じ深憂措く能はず。是非共首席全権に其の意中を訴へ度切なる申出ありしにより相談の結果安保大将の御取次を願ふこと可然とのことにて、十五日夜大将より若槻全権に右の旨申入れられたる処、同全権は主旨を諒とせられ尚自分よりも申度事〔以上一字抹消〕ことあれば好機なりとて即時少壮海軍随員の来集を希望せられたるに依り、安保大将附添ひ全権室に参集せり。其の際若槻全権は今日に至る迄の経過を詳述せられ、要するに今日迄は最も忠実に海軍部の意見に依り折衝したるも遂に彼を説服するに至らず。一旦デッド・ロックに至〔以上一字抹消〕陥りし結果〔以上二字抹消〕が松平大使をして英米と自由会談を行はしめ、此の間〔以上五字抹消〕むる等凡ゆる手段を尽したるに□□今日〔以上七字抹消〕漸く現在の日米提案迄に漕ぎ着け得たり。而して米提案は総括的兵力に於ても八吋巡洋艦に於ても略我方の所期の□□〔以上三字抹消〕に達し、潜水艦に於ては数量□〔以上一字抹消〕は多少所〔以上一字抹消〕我主張と差あるも「パリチー」を得たるのみならず、相対的縮少を標榜せる我方の立場上米が縮少したるに対し我のみ依然

〔文章がつながらないため、この間の書類が欠けていると考えられる〕

右の会見に依り尚〔以上一字抹消〕自己の憂慮が単なる杞憂に非ざることを確めたる少壮随員は此の際財部全権の□〔以上一字抹消〕固き御決心極めて必要なりと感じ、十六日夜前日と同様の手続に依り安保大将、左近司中将附添ひ財部〔以上二字抹消〕全権室に来集し、財部全権に各自専門的見地より□〔以上一字抹消〕忌憚なき所信を進言せら〔以上二字抹消〕し感激の余り若し〔以上二字抹消〕不幸にして米案に落着くに至りたる場合に対する所信を伺ひたるに、単に国防上のみならず閣僚の一人として内政其の他諸般の事情をも考慮するを要することとなるを以て今遽に確言し難しとのことなる由なり。と述べられ〔以上一五字抹消〕、尚自分としては請訓電報中の「新事態」とは英仏伊の関係の進展状況及内地よりの回訓等を意味する積りに解し居る旨述べられたる由なり。

状況右の如くなるを以て少壮随員は事態が想像以上に危急にして此の際内地より強硬なる決意を示せる回訓を得るに非れば到底此の危機を救済する能はずと痛慨□せる少壮随員□本官□□申出たり。〔以上句点を含む二一字抹消〕ざるを痛感し、一同憂慮の余り右の趣旨を是非共中央に通ぜられ度旨切なる〔以上二字抹消〕に申出ありたり。□々之を取次ぐ次第なり。〔以上句点を含む一二字抹消〕右参考の為□□□〔以上三字抹消〕電報す。

「昭和四〜五年　ロンドン海軍条約拾遺　海軍省軍務局長堀悌吉」（①軍備軍縮61）

倫敦会議の経過に鑑み所見（四月二十日印度洋上にて）〔無印十三行罫紙に縦書き〕

一、全権及随員の任命　海軍大臣、軍令部長　任命時職、外ム省随員は過□たり。
通訳　人員過多。
二、訓令事項　首席随員請訓。組織。
三、会議の経過
四、協定事項
五、次回会議に於ける各国態度の予想
（三～五）別
六、次回会議に対する準備　輿論、外務側、準ビ要員。

一、全権及随員等

一、海軍大臣は首席たる場合を除くの外、全権委員としては不都合なり。
二、会議地駐劄大使をして交渉に当らしむることは不利益なり□□る米国側の見解は考慮に値す。
三、所謂顧問格随員は不必要にして有害なり。
四、主要海軍随員は訓令事項及会議の対策等に関し充分の研究及各部との打合を為すの余裕を得しむるを要す。

五、委員附たる海軍兵曹海軍属其の他の員数は適当にして次回会議に於ても極めて必要なり。
六、外務省側主要随員は内地勤務者中より選定し事前海軍側と充分協同研究を為さしむるを要す。
七、〔箇条書きの番号のみ。記事なし〕

二、訓令事項

一、帝国の主張は公明なると共に其の要求は充分なるを要す。
艦齢超過艦を以て戦時防備部隊の一部に充てんとするが如き切詰めたる要求は不可なり。
二、訓令記載の主張の論旨は簡明なるを要す。是れ専門事項と雖将来は倍々専門家以外に於て主として之を取扱ふ場合多き傾向あればなり。
例へば潜水艦自主的所要量を総括的七割に関聯せしめたる要求、駆逐艦々型と不建造帯〔zone of no construction〕問題、航空母艦に関する主張等は稍々複雑に過ぎ内外関係者に諒解せしむるには困難なりしが如し。
三、首席随員に関する事項を全権訓令中に明記することは将来倍々之を必要とす。
四、帝国が華府会議以来其の重要主張を変更せざりしは議論に於て有力なりしも他の列国も亦其の主張を変更せざるべしとの予想に固著せざるを要す。
英国が当然要求すべしと予想せし艦齢超過艦の保有を全然放棄せる為帝国が思はざる窮地に陥りしが如き其の一例なり。

次回会議に提案を予想せらるゝ問題

一、主力艦廃止若は艦数減小、建造休止。
二、航空母艦保有量の減少、単艦船型縮小。
三、主力艦及巡洋艦飛行機飯著装置問題。
四、潜水艦廃止若は保有量減少。
五、特種艦船廃止問題。
六、爆弾及毒瓦斯使用制限問題。
七、商船武装問題。
八、防備制限問題。
九、帝国八吋巡洋艦対米六割比率強制。

「昭和四〜五年　ロンドン海軍条約拾遺　海軍省軍務局長堀悌吉」（①軍備軍縮61）

ラ・ワ行

タ 行

ナ 行

ハ 行

マ 行

ヤ 行

人名索引

相澤 淳

防衛大学校防衛学教育学群教授。1959（昭和34）年宮城県生まれ。防衛大学校卒業。上智大学大学院博士後期課程満期退学。博士（国際関係論）。防衛研究所戦史部主任研究官、第２戦史研究室長、戦史研究センター安全保障政策史研究室長等を経て現職。主な著書・論文に『海軍の選択』（中公叢書）、「東アジアの覇権と海軍力」（『岩波講座 東アジア近現代通史２ 日露戦争と韓国併合』）、「『岡田啓介日記』と『加藤寛治日記』」（『日記で読む近現代日本政治史』）、「米内光政――終末点のない戦争指導」（『昭和史講義 軍人篇』ちくま新書）などがある。

山本五十六《やまもといそろく》
――アメリカの敵《てき》となった男《おとこ》

〈中公選書 135〉

著 者 相《あい》 澤《ざわ》 淳《きよし》

2023年３月10日 初版発行

発行者 安 部 順 一

発行所 中央公論新社
〒100-8152 東京都千代田区大手町 1-7-1
電話 03-5299-1730（販売）
03-5299-1740（編集）
URL https://www.chuko.co.jp/

ＤＴＰ 市川真樹子

印刷・製本 大日本印刷

Published by CHUOKORON-SHINSHA, INC.
Printed in Japan ISBN978-4-12-110136-5 C1321
定価はカバーに表示してあります。

中公選書　好評既刊

102
建国神話の社会史
――史実と虚偽の境界
古川隆久著

天照大神の孫が地上に降りて日本を統治し始めた――。『古事記』『日本書紀』の記述が「歴史的事実」とされた時、普通の人々は科学や民主主義との矛盾をどう乗り越えようとしたのか。

103
新版　戦時下の経済学者
――経済学と総力戦
牧野邦昭著

二つの世界大戦という総力戦の時代、経済学者たちの主張や行動はどのような役割を果たし、戦後体制へどんな影響を与えたか。第32回石橋湛山賞受賞作に最新の研究成果を加筆。

112
非国民な女たち
――戦時下のパーマとモンペ
飯田未希著

「石を投げられてもパーマをかけたい」。戦時期に非難の的となりながらパーマが大流行したのはなぜか。統制と流行と近代化の狭間で大きな社会問題となった女性たちの「お洒落」とは。

113
後藤新平の台湾
――人類もまた生物の一つなり
渡辺利夫著

後藤の素質と思想が最大に活かされ、力量が発揮されたのは四十代の台湾総督府民政長官時代であった。「アヘンの島」を植民地経営の成功例としたものは何か。開発経済学の泰斗が描く。

126
「戦後」が終わるとき
——日本は外交の言葉を取りもどせるか

坂元一哉著

内外情勢の激動するなかで国際政治学者が書き続けた人気コラム「世界のかたち、日本のかたち」の、二〇〇八年から二一年まで一三年分を集成。米中の狭間における日本の指針を探る。

127
聯合艦隊
「海軍の象徴」の実像

木村　聡著

日清戦争時の臨時組織に過ぎなかった聯合艦隊は日露戦争の栄光を引っ提げ、常置されるものとなったが——。これまで海軍史の一部分でしかなかった聯合艦隊を中心に据えた初の通史。

128
分断の克服　1989-1990
統一をめぐる西ドイツ外交の挑戦

板橋拓己著

「ベルリンの壁」は崩れた。だがソ連は統一に反対、英仏が大国ドイツ復活を警戒する中、新生ドイツと新しい国際秩序はいかに創られたか。最新史料を駆使し描く。大佛次郎論壇賞受賞作。

129
人類史の精神革命
——ソクラテス、孔子、ブッダ、イエスの生涯と思想

伊東俊太郎著

前五世紀以降、ソクラテス、孔子、ブッダ、イエスの思索と行動により、哲学と普遍宗教が生まれた。なぜ東西の地で並行して精神革命が起きたのか。平易な筆致で人類史の謎を解明する。